Ingo Lenßen

DIE LÜCKE IM GESETZ

Ingo Lenßen

DIE LÜCKE IM GESETZ

Wie man *ungestraft* davonkommt

riva

Bibliografische Information der Deutschen Nationalbibliothek:
Die Deutsche Nationalbibliothek verzeichnet diese Publikation in der Deutschen Nationalbibliografie; detaillierte bibliografische Daten sind im Internet über http://d-nb.de abrufbar.

Für Fragen und Anregungen an Ingo Lenßen:
info@ingolenssen.de

1. Auflage 2013

Lizensiert durch: TM1 Trademark One AG, Starnberg
info@tm-one.de

© 2013 by riva Verlag, ein Imprint der Münchner Verlagsgruppe GmbH,
Nymphenburger Straße 86
D-80636 München
Tel.: 089 651285-0
Fax: 089 652096

Für Fragen und Anregungen an den Verlag:
info@rivaverlag.de

Alle Rechte, insbesondere das Recht der Vervielfältigung und Verbreitung sowie der Übersetzung, vorbehalten. Kein Teil des Werkes darf in irgendeiner Form (durch Fotokopie, Mikrofilm oder ein anderes Verfahren) ohne schriftliche Genehmigung des Verlages reproduziert oder unter Verwendung elektronischer Systeme gespeichert, verarbeitet, vervielfältigt oder verbreitet werden.

Redaktion: Petra Holzmann, München
Umschlaggestaltung: Kristin Hoffmann, München
Umschlagabbildung: © Bianca Schmidt, www.fotoflexx.de
Satz: Georg Stadler, München
Druck: CPI – Ebner & Spiegel, Ulm
Printed in Germany

ISBN Print 978-3-86883-282-2
ISBN E-Book (PDF) 978-3-86413-286-5
ISBN E-Book (EPUB, Mobi) 978-3-86413-287-2

Weitere Informationen zum Verlag finden Sie unter

www.rivaverlag.de

Beachten Sie auch unsere weiteren Verlage unter
www.muenchner-verlagsgruppe.de

Inhalt

Eine kurze Vorbemerkung 7

Kapitel 1
Verkehrsrecht 9

Kapitel 2
Erbrecht 36

Kapitel 3
Strafrecht 58

Kapitel 4
Zivilrecht 96

Kapitel 5
Mietrecht 147

Kapitel 6
Steuerrecht 164

Kapitel 7
Reiserecht 175

Kapitel 8
Familienrecht 185

Kapitel 9
Arbeitsrecht 206

Kapitel 10
Versicherungsrecht 212

Weitere Informationen zu Ingo Lenßen 219

Eine kurze Vorbemerkung

Die Lücke im Gesetz ist nicht das, was wir generell suchen, es ist die Ausnahmeregelung, wenn es um unser Recht geht. Wenn es darum geht, dass Sie ganz persönlich einmal ungeschoren davon kommen sollen. Wenn es darum geht, dass Sie Ihren Führerschein nicht abgeben müssen, dass Sie Ihre Kaution sofort zurückhaben sollen oder Sie mehr Erbanteil verdient haben als die anderen. Weil Sie im Recht sind oder glauben, sich dieses Recht nehmen zu dürfen.

In diesem Buch finden Sie solche Fälle. Fälle, in denen der Kopf aus der »Schlinge« gezogen wurde, in denen das Recht zur sehr persönlichen Gerechtigkeit wurde. Aber auch solche Fälle und Beispiele, die Ihnen eine Orientierung geben über das, was das Recht der Gerichte ist. Vor allem aber sollen Sie die Fälle in diesem Buch unterhalten und auch amüsieren.

Und wenn Sie sich mit der Frage auseinandersetzen, ob die Lösung der einzelnen Fälle gerecht war, stellen Sie vielleicht fest: Es ist das Unrecht, das uns bewegt, das Recht ist für uns selbstverständlich.

Ihr

Ingo Lenßen

Kapitel 1
Verkehrsrecht

1. Der Trend zum Zweithandy

Ein Bekannter berichtete mir kürzlich, dass er mitten in einer Großstadt mit dem Handy am Ohr an den allseits aufmerksamen Freunden und Helfern vorbeigefahren war. Diese bemerkten das natürlich sofort, nahmen seine Verfolgung auf und stoppten ihn nach ungefähr 300 Metern. In dieser Zeit hatte er das Handy allerdings geistesgegenwärtig schon in die Mittelkonsole gelegt.

Nachdem er angehalten und mit dem Tatvorwurf des Telefonierens am Steuer konfrontiert worden war, welchen die Herren Polizeibeamten mit einem selbstzufriedenen Lächeln vorbrachten, erklärte mein Bekannter, dass er nicht telefoniert habe.

Die Beamten lächelten weiter und sagten, sie hätten ihn aber beim Telefonieren beobachtet und er möge doch bitte sein Handy zeigen. Mein Bekannter kam der Aufforderung natürlich nach, rief die letzten abgehenden Anrufe des Handys auf und zeigte diese den Polizeibeamten. Die sahen erstaunt, dass in den letzten 15 Minuten von diesem Handy niemand angerufen worden war. Allerdings waren sie nicht entmutigt und forderten meinen Bekannten auf, auch die Liste der eingehenden Anrufe zu zeigen. Gesagt, getan. Die Beamten bekamen auch die Liste der eingehenden Anrufe zu sehen. Die besagte, dass in den letzten 15 Minuten auch kein Anruf auf diesem Handy eingegangen war.

Die Beamten sahen ein, dass sie sich offensichtlich getäuscht hatten und entschuldigten sich zähneknirschend für die Fahrtunterbrechung.

Nun überkam meinen Bekannten ein selbstzufriedenes Lächeln, als er seine Fahrt fortsetzte. Er griff in die Mittelkonsole, nahm sein Handy zur Hand und setzte das Telefonat, das er kurz vor der Kontrolle geführt hatte, fort. Das kontrollierte Zweithandy legte er wieder behutsam zurück auf den Beifahrersitz, von dem er es zuvor genommen hatte.

Merke: Achten Sie darauf, dass Ihr Zweithandy während der Polizeikontrolle nicht plötzlich klingelt!

2. Handy anfassen verboten

Elias K. überreichte mir seinen Bußgeldbescheid, in dem man ihm zur Last legte, dass er im Straßenverkehr telefoniert habe. Elias K. versicherte mir gegenüber jedoch, dass er das Handy zwar während der Fahrt in der Hand gehabt, es aber nicht benutzt hätte.

Gegen den Bußgeldbescheid legten wir Einspruch ein, es kam zur Hauptverhandlung. In dieser wurde der Polizeibeamte gehört, der Elias K. angehalten und kontrolliert hatte. Er erklärte, dass er meinen Mandanten während der Fahrt mit dem Handy in der Hand gesehen habe. Auf die Frage des Richters, ob er Elias K. auch während der Fahrt habe telefonieren sehen, entgegnete der Polizeibeamte, dass dies doch klar sei. Im Übrigen käme es darauf überhaupt nicht an, mein Mandant hätte das Handy doch in der Hand gehabt. Auf meine Frage, ob mein Mandant ihm angeboten habe, die Liste der letzten eingehenden oder abgehenden Anrufe zu zeigen, entgegnete der Polizeibeamte, dass er sich darauf nicht habe einlassen wollen. Er war davon überzeugt, dass Elias K. schon deshalb verkehrswidrig gehandelt hatte, weil er durch das Handy in der Hand vom Straßenverkehr abgelenkt gewesen war.

Falsche Überzeugung! Das Gericht sprach Elias K. frei!

Das bloße In-der-Hand-Halten eines Handys beim Autofahren stellt keinen Straßenverkehrsverstoß dar. Das ist erst der Fall, wenn das Handy während des Autofahrens auch benutzt wird.

Merke: Ein Handy benutzen bedeutet nicht nur telefonieren, sondern auch SMS schreiben, Mails schreiben oder im Internet surfen.

3. Der anonyme Fahrer

Stephan M. erklärte mir, dass sein Pkw immer noch auf der Wiese nahe der B 31 stehen würde. Er war Samstagnacht von der Straße abgekommen, und er müsse mir gestehen, dass er erheblich getrunken hätte. Nichtsdestotrotz oder gerade deshalb war er abgehauen und hätte sich die letzten beiden Nächte nicht nach Hause getraut. Der Polizei war der Pkw natürlich schon längst aufgefallen, und sie waren auf der Suche nach dem Halter. Bereits in der Nacht von Samstag auf Sonntag waren die Polizeibeamten mit der Suche nach Stephan M. beschäftigt. Sie hatten ihn zu seinem Glück nicht gefunden.

Doch was wäre passiert, wenn sie ihn aufgegriffen hätten?

Natürlich hätten sie ihn sofort in ein Krankenhaus gebracht und ihm eine Blutprobe entnommen. Die Blutprobe hätte ergeben, dass Stephan M. erheblich alkoholisiert gewesen war. Dies wiederum hätte nach sich gezogen, dass Stephan M. der Führerschein für mehrere Monate entzogen worden wäre. Dazu hätte mein Mandant eine Geldstrafe bekommen, die mindestens zwei Monatsgehältern entsprochen hätte.

Doch die Polizei hatte ihn nicht aufgegriffen. Ihr wurde nunmehr am Montagmorgen mitgeteilt, dass Stephan M. am Samstagabend von der Straße abgekommen war und fluchtartig in einer Panikreaktion das Weite gesucht hätte.

Stephan M. erhielt wegen einer Ordnungswidrigkeit einen Bußgeldbescheid. Wegen einer Trunkenheitsfahrt wurde er nicht bestraft.

4. Der anonyme Alkoholiker – Teil 1

Detlef L. war beim Fußballtraining gewesen und hatte danach noch den Geburtstag eines Freundes mit ein paar Bier gefeiert. Er erklärte mir, dass er nur in den Wagen gestiegen war, weil er am nächsten Morgen früh rausmusste. Als die Polizei ihn stoppte, hatte er 1,5 Promille Atemalkohol. Die später gemachten Blutproben ergaben Werte von 1,51 und 1,58 Promille.

In der Regel wird bei diesen Werten der Führerschein für mindestens 9 Monate entzogen. Es gibt aber bis zu einer Promillegrenze von 1,6 unter bestimmten Bedingungen eine Möglichkeit, diese Frist zu verkürzen, und die erklärte ich Detlef L.

Wer Ersttäter ist und nicht über 1,6 Promille hatte, ist ein Kandidat für das Mainzer-Modell. Mit dem Mainzer-Modell konnte Detlef L., da er Ersttäter war und eine Unbedenklichkeitsbescheinigung des Landratsamtes vorlegen konnte, eine Sperrzeitverkürzung erreichen, das heißt, er hatte die Möglichkeit, die 9 Monate Führerscheinsperre zu verkürzen. Um diesen Antrag für eine Sperrzeitverkürzung stellen zu können, musste er zuvor allerdings auch einen Nachschulungskurs beim TÜV erfolgreich absolviert haben. Das gelang ihm.

So stellte ich im Rahmen eines Gnadengesuches bei der Staatsanwaltschaft den Antrag auf Verkürzung der Sperrzeit. Dem Antrag wurde entsprochen, Detlef L. erhielt seinen Führerschein nach 6 Monaten zurück.

Merke: Wer sich rechtzeitig nach einer Trunkenheitsfahrt mit der Aufarbeitung seiner Tat beschäftigt, das heißt einsieht, dass er Mist gebaut hat, hat die Chance, mit einer möglichst geringen Strafe davonzukommen.

5. Der anonyme Alkoholiker – Teil 2

Vor mir saß Theo R. und berichtete, dass ihm der Führerschein vorläufig entzogen worden war. Die Polizei hätte bei ihm eine Blutprobe mit 1,9 Promille gemessen. Die zweite Blutprobe, die etwa 40 Minuten danach entnommen worden war, hätte immer noch einen Wert von 1,8 Promille ergeben.

Ich erklärte ihm, dass er seinen Führerschein nicht automatisch nach der ihm auferlegten Sperrfrist von 10–12 Monaten wiederbekommen würde. Zudem sagte ich ihm, dass nach Ablauf der Sperrfrist das Landratsamt von ihm eine medizinisch-psychologische Untersuchung erwarte. In dieser Untersuchung müsse er nachweisen, dass er nicht alkoholgefährdet sei und damit keine Gefährdung für den Straßenverkehr darstellen würde. Meinem Mandanten entfuhr sofort die lautstarke Bemerkung, dass er kein Alkoholiker sei. Ich hatte einige Mühe, ihm beizubringen, dass jeder, der mit über 1,6 Promille im Straßenverkehr unterwegs ist, als so alkoholgewöhnt eingestuft wird, dass man ihn für einen alkoholgefährdeten Menschen hält, und damit grundsätzlich seine Eignung zum Führen von Kraftfahrzeugen infrage gestellt ist. Ich erklärte ihm, dass er eine medizinisch-psychologische Untersuchung (MPU) nur dann bestehen würde, wenn er vorab mindestens sechs Monate lang an den Sitzungen der Anonymen Alkoholiker in seinem Ort teilnehmen würde. Darüber hinaus müsse er einen Vorbereitungskurs absolvieren, um sich auf die teils schwierigen Fragen der medizinisch-psychologischen Untersuchung vorzubereiten. Er ging wutentbrannt von dannen.

Es dauerte einige Tage, bis er wieder bei mir erschien und mich bat, ihm noch einmal genauestens aufzuschreiben, was er nun tun müsse, um nach Ablauf der Sperrfrist sofort seinen Führerschein wiederzuerhalten. Er hielt sich dann auch an alles, was ich ihm notierte, und bekam seinen Führerschein nach Ablauf der Sperrfrist sofort wieder.

Merke: Wer mit über 1,6 Promille Alkohol im Blut beim Führen eines Kraftfahrzeuges im Straßenverkehr aufgegriffen wird, bekommt seinen Führerschein ohne eine MPU in der Regel nicht wieder.

6. Der Nachtrunk

Die Polizei warf Willi W. eine Trunkenheitsfahrt vor. Die Polizeibeamten hatten ihn allerdings erst aufgegriffen, als er bereits zu Hause war. Sie nahmen Willi W. mit und brachten ihn in ein Krankenhaus, wo ihm Blut abgenommen wurde. Die Blutprobe ergab tatsächlich einen Blutalkoholgehalt von 1,4 Promille. Der zweite Blutalkoholwert betrug 1,5 Promille. Zur Sache hatte sich Willi W. nicht geäußert.

Nun saß er vor mir und berichtete, dass er den gesamten Alkohol erst getrunken hätte, nachdem er zu Hause angekommen sei. Während und vor der Autofahrt hätte er keinerlei Alkohol zu sich genommen. Der Tatvorwurf der Staatsanwaltschaft sei deshalb haltlos.

Bei Willi W. waren zwei Blutalkoholkonzentrationswerte gemessen worden, die seine Aussage bestätigen konnten. Tatsächlich war es theoretisch möglich, dass mein Mandant den Alkohol erst zu sich genommen hatte, als er zu Hause angekommen war. Hätte er den Alkohol lange Zeit vorher getrunken, so wäre der zweite Blutalkoholwert fallend gewesen, das heißt niedriger als der Wert der ersten Blutentnahme. Aber bei Willi W. war der zweite Wert steigend.

Ich ließ mir also von meinem Mandanten erklären, welche Art von Alkohol er genau zu sich genommen hatte. Dies ist deshalb wichtig, weil die Staatsanwaltschaft eine Analyse des Alkohols vornehmen lässt, der im Blut aufgefunden wird. Damit wird der Wahrheitsgehalt der Aussage des »Täters« überprüft. Ich teilte der Staatsanwaltschaft die Alkoholart ebenso mit wie die Tatsache, dass mein Mandant den Alkohol erst nach der Autofahrt zu sich genommen hatte: Wir beriefen uns also auf den sogenannten »Nachtrunk«.

Die Restwertanalyse aus dem Alkohol der Blutprobe ergab, dass genau der Alkohol im Blut aufgefunden wurde, der von meinem Mandanten als konsumiert angegeben worden war. Seine Aussage konnte deshalb nicht widerlegt werden und seine Fahrerlaubnis wurde ihm unverzüglich wieder erteilt.

Merke: Bedenken Sie beim Nachtrunk, dass überprüft wird, was Sie getrunken haben.

7. Wie viel Promille verträgt mein Führerschein?

Stellen Sie sich vor, Sie sind männlich, 70 Kilo schwer, stehen in einer Kneipe und Ihr Kumpel, 100 Kilo schwer, steht neben Ihnen. Er erklärt Ihnen, dass Sie völlig bedenkenlos ein Bier trinken könnten, ohne Angst davor haben zu müssen, Ihren Führerschein zu verlieren.

Doch aufgepasst: Was für ihn gilt, gilt nicht für Sie! Denn die Alkoholkonzentration im Blut hängt nicht nur davon ab, wie viel Sie trinken, sondern auch, wie viel Sie wiegen.

Am leichtesten lässt sich das nach der Formel von Erik Widmark wie folgt berechnen:

Alkoholkonzentration im Blut =   **Alkohol in g**
                                     Gewicht in kg * 0,7 (bei Männern)
  oder   **Gewicht in kg * 0,6 (bei Frauen)**

Hier einige Beispielrechnungen:

Alternative 1

Sie beide trinken ein Bier (0,5 l), das 25 g Alkohol enthält.

Das bedeutet

für Sie: 25 g / 70 * 0,7 = 0,51 Promille,

für Ihren Kumpel: 25 g / 100 * 0,7 = 0,36 Promille.

Fazit: Ihr Führerschein wäre für einen Monat weg, er behielte seinen.

Alternative 2

Sie beide trinken zwei Bier.

Das bedeutet

für Sie: 50 g / 70 * 0,7 = 1,02 Promille,

für Ihren Kumpel: 50 g / 100 * 0,7 = 0,71 Promille.

Fazit: Ihr Führerschein wäre für mehrere Monate weg, bei Ihrem Kumpel nur für einen Monat.

Alternative 3

Sie sind 80 Kilo schwer und entschließen sich, nach zwei Bier noch eine Stunde bei einem Glas Wasser in der Kneipe sitzen zu bleiben und erst dann zu fahren. Laufen Sie nun Gefahr, Ihren Führerschein nach einer Stunde Wartezeit und anschließender Autofahrt zu verlieren?

Beachten Sie, dass bei einem erwachsenen Mann der Körper circa 0,2 Promille Alkohol pro Stunde abbaut.

Hier die Rechnung dazu:

(50 g / 80 * 0,7) – 0,2 = 0,69 Promille

Fazit: Das bedeutet einen Monat Fahrverbot.

Jetzt stellen Sie sich vor, Ihre 60 Kilo schwere Freundin tut das Gleiche. Beachten Sie, dass bei einer Frau der Körper circa 0,1 Promille Alkohol pro Stunde abbaut. Bei der Frau ist auch zu berücksichtigen, dass der Faktor nicht 0,7, sondern 0,6 ist.

Die Rechnung stellt sich dann wie folgt dar:

(50 g / 60 kg * 0,6) – 0,1 = 1,28 Promille

Fazit: Das bedeutet 8 bis 9 Monate Fahrverbot!

Die meisten spüren nach dem Genuss von einem Glas Bier eine leichte Euphorisierung. Nach wissenschaftlichen Erkenntnissen geht mit dem Alkoholgenuss eine Reduzierung des Reaktionsvermögens einher. Das heißt im Klartext, dass Sie nach einem Bier rasanter fahren und langsamer reagieren. – Unverantwortlich oder?

Merke: Finger weg vom Autoschlüssel, auch nach einem Glas Bier! Zugegeben: Obige Beispielrechnungen gehen für Sie von der negativsten Rechengrundlage aus, also immer vom höchst möglichen Promillegehalt. Aber besser so, als wenn Sie mit Möglichkeiten rechnen, die ein böses Erwachen nicht ausschließen.

8. Die Beckstein-Theorie

Bekanntlich hat der ehemalige bayerische Ministerpräsident Günther Beckstein 2008 folgende Behauptung von sich gegeben: »Mit zwei Maß Bier kann man noch Auto fahren!«

Welche Folgen hätte das, wenn man diesem Politiker Glauben schenkte?

Eine 60 Kilo schwere Frau hätte nach dem Genuss von zwei Litern Bier rein rechnerisch einen Promillewert von 2,77 (2 Liter = 100 g Alkohol / 60 kg * 0,6 = 2,77 Promille). Da sie das Bier aber nicht auf einen Schlag konsumiert, sondern dabei bestimmt 2–3 Stunden in der Gaststätte verbringt, muss die Zahl nach unten korrigiert werden. Je nach Aufenthaltsdauer bleibt aber immer noch ein Wert von 1,8–2,5 Promille. Das hätte ein Fahrverbot über mehrere Monate zur Folge.

Ein 80 Kilo schwerer Mann hätte rein rechnerisch einen Promillewert von circa 1,79 (100 g / 80 kg * 0,7 = 1,79 Promille). Zieht man wie bei der Frau für die Zeit des Trinkens ein paar »Abbaupromille« ab, bliebe ein Wert von 1,3–1,6 Promille. Auch hier drohte ein mehrmonatiges Fahrverbot.

Also: Was lernen wir daraus? Trauen Sie nicht jedem Politiker!

9. Schweigen ist Gold, Reden ist falsch

Wenn man im Verkehrsgeschehen von der Polizei kontrolliert wird oder in deren Visier gerät, lautet die oberste Regel: »Mund halten und zuhören!«

Zunächst einmal heißt es zuhören. Der Polizeibeamte soll mitteilen, welchen Verdacht er hegt und was der Tatvorwurf ist. Und dann bleibt es dabei: »Mund halten.« Die Polizei ist sogar dazu verpflichtet, Sie darauf hinzuweisen, dass Sie das Recht haben zu schweigen. Und genau dies sollten Sie auch tun. Erst nach Rücksprache mit einer Vertrauensperson, die sinnvollerweise ein Anwalt sein sollte, kann man reden. Tut man dies nicht, so kann man sich um Kopf und Kragen reden, wie folgendes Beispiel beweist:

Die Polizei kontrollierte Julius W. und Meinrad L. an ihrem Pkw. Da beide bereits ausgestiegen waren, wusste die Polizei nicht, wer der Fahrer war. Deshalb fragten die Beamten die beiden danach. Gleich verteidigte sich der Fahrer, der im Gegensatz zu seinem nüchternen Beifahrer fünf Bier genossen hatte, sofort mit: »Ja, aber ich musste doch schnell nach Hause, meiner Mutter geht es nicht gut.« Der Täter war überführt.

Der junge Mann erhielt einen Strafbefehl mit 60 Tagessätzen à 60 €, also eine Geldstrafe von 3600 €, und ein Fahrverbot von 8 Monaten. Hätte der junge Mann seinen Mund gehalten, wäre er mit großer Wahrscheinlichkeit einer Bestrafung entgangen. Die Polizei hätte beide als Beschuldigte angesehen, sie hätte von beiden eine Blutprobe genommen, und eine der Blutproben wäre negativ gewesen. Die Polizei hätte nicht herausfinden können, wer der Fahrer gewesen war. Insofern hätte sie den Täter nicht überführen können, und somit wäre eine Einstellung des Verfahrens mit großer Wahrscheinlichkeit die Folge gewesen.

Doch auch, wenn Sie sich vermeintlich bereits um Kopf und Kragen geredet haben, kann sich der anschließende Gang zum Anwalt lohnen. Hätte der junge Mann nämlich einen Anwalt aufgesucht, hätte ihm dieser sogar nach seinem fatalen Satz noch helfen können. Denn der junge Mann hätte von der Polizei über sein Aussageverweigerungsrecht belehrt werden müssen. Da aber die Polizei diese Belehrung versäumt hatte, lag ein Beweisverwertungsverbot vor. Weder wäre die Aussage des jungen Mannes in einem Gerichtsverfahren verwertbar gewesen, noch die Aussage des Polizeibeamten. Damit wäre das Geständnis des jungen Mannes vom Tisch gewesen, und er hätte in einem Gerichtsverfahren mit einem Freispruch rechnen können.

Merke: Sagen Sie als Verdächtiger nichts bei der Polizei, bis Sie einen Anwalt um Rat gefragt haben.

10. Kokain und Führerschein

Steve K. versicherte mir, dass er kein Kokain zu sich genommen hatte. Wie das Kokain in sein Blut gekommen war, das wisse er nicht. Die Polizei hatte ihn beim Autofahren kontrolliert, einen Bluttest durchgeführt und ihm wegen des Ergebnisses den Führerschein abgenommen. Dagegen wollte er nun vorgehen.

Ich erklärte Steve K., dass er kaum Chancen hätte, seinen Führerschein früher wiederzubekommen. Auch eine weitere Blutprobe würde ihm nicht helfen, denn diese Blutprobe könne nicht nachweisen, dass er zum Fahrzeitpunkt kein Kokain im Blut gehabt hatte. Auch war klar, dass das Gericht seinen Einwand, man habe ihm das Kokain in ein Glas geschüttet und er habe es unbewusst zu sich genommen, nur als Schutzbehauptung werten würde. Das Einzige, was Steve K. möglichst rasch wieder zu seinem Führerschein verhelfen könnte, war, dass er seine Drogenabstinenz durch eine Therapie nachweisen ließ.

Natürlich bekam Steve K. seinen Führerschein für acht Monate entzogen. Dadurch, dass er aber unverzüglich nach Führerscheinbeschlagnahme mit einer Therapie begann, konnte er seinen Führerschein sofort nach Ablauf der achtmonatigen Sperrfrist wieder in Empfang nehmen.

Übrigens: Hätte Steve K. kein Fahrzeug im Straßenverkehr geführt und wäre nach einer wilden Party mit Kokain im Blut aufgefunden worden, so hätte ihm die Fahrerlaubnisbehörde auch den Führerschein entziehen können. Denn selbst wenn jemand kein Kraftfahrzeug im Straßenverkehr führt, während er unter Kokaineinfluss steht, geht die Fahrerlaubnisbehörde davon aus, dass er so drogenabhängig ist, dass ihm die notwendige Zuverlässigkeit zum Führen von Kraftfahrzeugen nicht mehr zuerkannt werden kann. – Gleiches hat übrigens auch ein Führerscheininhaber, der mit über 1,7 Promille Alkohol polizeiauffällig wird, zu befürchten.

Merke: Werden Sie mit Kokain erwischt, laufen Sie Gefahr, Ihren Führerschein zu verlieren, ob Sie gefahren sind oder nicht.

11. Idioten im Straßenverkehr

Wir kennen sie doch alle, die Fahrer vor, hinter, rechts oder links neben uns, die keine Ahnung vom Autofahren haben. Niemand weiß, wie sie zu ihrem Führerschein gekommen sind. Für jeden sind sie eine Gefährdung im Straßenverkehr. Und dennoch dürfen wir sie nicht zur Räson bringen oder beleidigen. Falls uns doch einmal der Mittelfinger ausrutscht oder die Scheibe heruntergedreht wird, sei auf folgende Straftarife hingewiesen:

Stinkefinger	4.000,-- €
Vogel zeigen	1.000,-- €
Daumen und Zeigefinger zum Kreis geformt	750,-- €

Scheibenwischergeste (Zeichen für geistige Umnachtung) 350,-- €

Zunge gegenüber normalen Bürgern rausstrecken 150,-- €

(Abweichungen von diesen Tarifen sind je nach Polizeidienststelle und Staatsanwaltschaft möglich. Tarife für Beleidigungen von Polizisten, siehe Kapitel »Das ist mal keine Beleidigung«, S. 73 ff.)

12. Alles Vollidioten – Folgen einer Anzeige

Das haben Sie bestimmt schon oft erlebt: Drängelei auf der Autobahn, es wird einem die Vorfahrt genommen, man wird ausgebremst, oder man bekommt die gestreckte Faust oder den Zeigefinger an der Stirn gezeigt. Sicher haben Sie sich auch schon maßlos über Verkehrsteilnehmer mit solchen Attitüden aufgeregt. Sie saßen wutschnaubend im Auto und hatten nur einen Gedanken: diesen »Idioten« anzuzeigen.

Genauso erging es Harry K. Und er wurde aktiv: Er ging zur nächsten Polizeidienststelle und zeigte den Verkehrsteilnehmer an, der ihn ausgebremst hatte. Die Autonummer hatte er sich gemerkt, und so war es ein Leichtes für die Polizeibeamten, den Verkehrsteilnehmer ausfindig zu machen. Dieser wurde an seinem Wohnort von einem Polizeibeamten zu dem Vorfall befragt. Natürlich leugnete er alles. Doch das nutzte nichts, er bekam einen Strafbefehl vom Amtsgericht zugestellt. Gegen den legte er natürlich Einspruch ein, denn er war der Meinung, dass man ihn nicht verurteilen könne, da Aussage gegen Aussage stand.

Falsch gedacht! Natürlich verurteilt ein Richter – auch wenn Aussage gegen Aussage steht – diesen Verkehrsteilnehmer, wenn er von dessen Schuld überzeugt ist.

Aber was bedeutete dies für Harry K.?

Er musste vor Gericht erscheinen und seine Aussage machen. Das wäre an sich nicht weiter schlimm, wenn nicht 400 Kilometer zwischen seinem Wohnort und dem Gerichtsort gewesen wären. Straftaten werden nämlich immer vor dem Gericht verhandelt, in dessen Bezirk sie geschehen.

Jetzt stellen Sie sich vor, Sie wären auf der Autobahn zwischen Hamburg und Ihrem Wohnort Stuttgart unterwegs. Auf der Höhe von Frankfurt hätten Sie sich dann über einen anderen Verkehrsteilnehmer aufgeregt, der Ihnen den »Vogel« gezeigt hatte. Sie wollten sich das nicht gefallen lassen und hätten ihn angezeigt. Das bedeutete dann, dass die Strafverhandlung vor dem Amtsgericht Frankfurt stattfinden würde, wohin Sie anzureisen hätten.

Und was bekämen Sie dafür? Sie erhielten die Fahrtkosten erstattet oder alternativ die Kosten für ein Ticket mit der Bahn 2. Klasse und ein Zeugenentgelt von circa 10,- € pro Stunde (plus Entschädigung für Reise- und Wartezeiten). Sie verbrächten eine Menge Zeit mit der Fahrt und müssen womöglich auch einen ganzen Urlaubstag opfern. – Genauso war es bei Harry K.

Merke: Schätzen Sie bei einer solchen Anzeige Nutzen und Aufwand ab. Beim nächsten Mal beißen Sie vielleicht doch lieber in Ihr Lenkrad. Oder ist es »dieser Typ« wirklich wert?

13. Die Tendenz zum Zweitführerschein

Holger Z. suchte mich auf und berichtete mir, dass ihn ein einmonatiges Fahrverbot erwarte. Er ließ mich den Bußgeldbescheid ansehen, und ich erklärte ihm, dass daran nichts zu machen sei.

Er fragte, ob es denn wenigstens möglich sei, die Frist bis zur Abgabe des Führerscheins länger als vier Monate nach hinten zu schieben?

Das war möglich, denn tatsächlich wird einem Ersttäter gestattet, innerhalb von vier Monaten ab Rechtskraft des Bußgeldbescheides, das heißt, wenn die Einspruchsfrist gegen den Bescheid abgelaufen ist, selbst zu wählen, wann er sein Fahrverbot verbüßen möchte.

Holger Z. beabsichtigte, sechs Monate nach Erhalt des Bußgeldbescheides in den Urlaub zu fahren und in dieser Zeit seinen Führerschein abzugeben. Dies zu erreichen, ist für einen Anwalt kein großes Problem. Mit der Einlegung des Widerspruchs gegen den Bußgeldbescheid wird dieser nicht rechtskräftig. Die Akte wird von der Bußgeldbehörde an das zuständige Gericht gesandt und von dort wird dann meist erst nach Ablauf von mindestens zwei Monaten ein Termin zur Hauptverhandlung bestimmt. Dies zunächst einmal als Tipp für alle, denen die Viermonatsfrist bis zur Abgabe des Führerscheins und zur Verbüßung des Fahrverbotes nicht ausreicht.

Holger Z. kam jedoch noch auf eine ganz andere Idee. Er fragte mich, ob denn das deutsche Fahrverbot auch fürs Ausland gelte? Tatsächlich ist dem nicht so. Ein in Deutschland verhängtes Fahrverbot untersagt es dem Fahrer nur, in Deutschland ein Kraftfahrzeug im Verkehr zu führen – im Falle von Holger Z. für einen Monat.

Aber Holger Z. konnte theoretisch kein Kfz im Ausland führen, während er in Deutschland ein Fahrverbot verbüßte, da er auf Aufforderung keinen Führerschein hätte vorzeigen können. Weder bei der Polizei, noch bei einem Mietwagenservice. Holger Z. kam nun auf die Idee, dass er seinen Führerschein verloren haben könnte. Für diesen Fall müsste er eine Verwaltungsgebühr von 35,- € aufwenden und sich einen Ersatzführerschein ausstellen lassen. Diesen neuen Führerschein wollte Holger Z. nun bei der Fahrerlaubnisbehörde abgeben, wenn er in den Urlaub fährt. Holger Z. beabsichtigte, nicht vor Ablauf der einmonatigen Fahrverbotsfrist ein Fahrzeug in Deutschland zu führen. Er wollte sich allerdings nicht darauf einlassen, in seinem südamerikanischen Urlaubsland ebenfalls kein Fahrzeug fahren zu dürfen.

Gesagt, getan. Mit dem ersten Führerschein begab er sich auf seine Auslandsreise, mietete dort ein Fahrzeug, fuhr freudig vier Wochen in Südamerika herum und verbüßte gleichzeitig sein einmonatiges Fahrverbot in Deutschland.

Merke: Der Verlust des Führerscheins kann auch einmal hilfreich sein.

14. Die Laserpizza

Als mir unser Pizzabote kürzlich meine heiß begehrte Pizza Diabolo brachte, sah er etwas betrübt aus. Auf meine Frage nach dem Grund seiner schlechten Verfassung antwortete er mir zerknirscht, dass ihm ein Fahrverbot drohe. Als ich ihn fragte, warum er dieses Fahrverbot denn bekäme, schilderte er mir, dass er innerhalb der Ortschaft über 30 km/h zu schnell gefahren war. Er war von der Polizei mit einer Laserpistole erfasst, gemessen und dann herausgezogen worden. Ich ließ ihn den genauen Ablauf schildern und versprach ihm, mir die Bußgeldakten einmal anzusehen.

Die Akteneinsicht ergab, dass einer der Beamten im Auto gesessen und mit der Laserpistole die Geschwindigkeit des Pizzaboten-Wagens gemessen hatte. Der zweite Beamte stand ein paar Meter neben dem Polizei-Pkw und hielt das Auto des Pizzaboten nach Zuruf des messenden Beamten an. Nachdem er das getan hatte, schickte er meinen Mandanten zum Messbeamten im Auto, der ihn auf die Laserpistole sehen ließ und ihm die gemessene Stundenkilometerzahl zeigte. Nachdem seine Personalien aufgenommen worden waren, durfte mein Mandant dann weiterfahren.

Ich ließ es zum Prozesstermin kommen. Tatsächlich berichtete der Messbeamte über die Art und Weise seiner Messung, und dass er dem zweiten Beamten zugerufen hätte, den Pkw anzuhalten. Auch der zweite Beamte bestätigte die mir bekannte Sachverhaltsschilderung und erklärte, dass er meinen Mandanten zum Messbeamten geschickt hätte, der ihm dann das Messergebnis gezeigt hätte.

Ich fragte den zweiten Beamten, ob er denn selbst das Messergebnis gesehen hätte? Er verneinte und erklärte sogleich, dass man ja wohl davon ausgehen könne, dass der Messbeamte lesen kann. Da war ihm Recht zu geben. Allerdings verlangt die Rechtsprechung das »Vier-Augen-Prinzip«, das heißt, beide Messbeamte müssen sich das Messergebnis ansehen.

Dem Gericht war dies bekannt, und mein Mandant verließ den Gerichtssaal weder mit einem Fahrverbot noch mit einer Geldbuße. Was wiederum für mich bedeutete, dass der Pizzaservice auch in den folgenden Wochen reibungslos funktionierte.

Merke: Immer weniger ist mittlerweile an den Messungen der Lasergeräte zu bemängeln, aber ab und zu lässt sich ein Fehlverhalten der Polizeibeamten bei der Durchführung dieses Messverfahrens entdecken. Achten Sie deshalb darauf, wenn Sie gemessen wurden, ob tatsächlich zwei Beamte das Messergebnis gesehen haben. Ohne das »Vier-Augen-Prinzip« hält das Messverfahren einer rechtlichen Überprüfung der Amtsgerichte meist nicht stand.

15. Der sportliche Fahrer

Marlon O. zeigte mir den Bußgeldbescheid für eine Tempoüberschreitung, den er erhalten hatte. Er verwies auf das beiliegende Foto und fragte mich, ob ich ihn darauf identifizieren könne. Ich hatte tatsächlich erhebliche Schwierigkeiten, ihn auf dem Foto zu erkennen. Aber ausgeschlossen war es nicht.

Nun fragte mich der junge Mann, was er erwarten müsse, wenn er der Fahrerlaubnisbehörde mitteilte, dass er nicht gefahren sei.

Ob er denn den tatsächlichen Fahrer angeben müsste? Ich erklärte ihm, dass er dazu nicht verpflichtet sei, sofern der tatsächliche Fahrer ein Familienangehöriger sei. Er müsste dann allerdings mit dem Führen eines Fahrtenbuches rechnen.

Der junge Mann fragte weiter, wie es sich denn verhielte, wenn der Fahrer im Ausland lebe und er diesen Fahrer angeben würde? Er wollte auch wissen, ob sich das Fahrverbot auch auf das Ausland beziehe. Ich erklärte ihm, dass sich das Fahrverbot tatsächlich nur auf das deutsche Hoheitsgebiet beziehe und dass ein Autofahrer in Europa mit einem Eintrag des deutschen Fahrverbots in seinen Führerschein rechnen müsse.

Er bat mich sodann, für ihn der Bußgeldbehörde bekannt zu geben, dass sein Bekannter Hermann M. mit dem Wagen gefahren sei. Tatsächlich erhielt Hermann M. einen Bußgeldbescheid mit einem Fahrverbot. Herrmann M. war Österreicher, hatte einen österreichischen Führerschein und lebte auch in seinem Heimatland. Das Fahrverbot wurde tatsächlich mit einem kleinen Aufkleber auf seinem Führerschein vermerkt. Ich glaube nicht, dass es ihn in irgendeiner Weise tangiert hat, denn dass er in der Fahrverbotszeit nach Deutschland reisen wollte, ist mir nicht bekannt.

Merke: Man muss sich vor Gericht nicht selbst belasten, das gilt auch für ein Bußgeldverfahren, man erfüllt aber im Zweifel den Straftatbestand der falschen Verdächtigung, wenn man einen anderen einer Straftat bezichtigt, die er nicht begangen hat. Das gilt natürlich auch dann, wenn der andere damit einverstanden ist.

Für alle, die vielleicht doch selbst gefahren sind, im Folgenden ein Auszug aus der aktuellen Bußgeldtabelle für Tempoüberschreitungen.

Auszüge aus dem aktuellen Verwarnungs- und Bußgeldkatalog 2013

Innerhalb geschlossener Ortschaften (Gilt auch für 30 km-Zonen!)

Tempoüberschreitung			
bis 10 km/h	15,- €		
11–15 km/h	25,- €		
16–20 km/h	35,- €		
21–25 km/h	80,- €	1 Punkt	
26–30 km/h	100,- €	3 Punkte	
31–40 km/h	160,- €	3 Punkte	1 Monat Fahrverbot
41–50 km/h	200,- €	4 Punkte	1 Monat Fahrverbot
51–60 km/h	280,- €	4 Punkte	2 Monate Fahrverbot
61–70 km/h	480,- €	4 Punkte	3 Monate Fahrverbot
über 70 km/h	680,- €	4 Punkte	3 Monate Fahrverbot

Außerhalb geschlossener Ortschaften (z. B. auf Landstraßen, Autobahnen, auch in Baustellen)

Tempoüberschreitung			
bis 10 km/h	10,- €		
11–15 km/h	20,- €		
16–20 km/h	30,- €		
21–25 km/h	70,- €	1 Punkt	
26–30 km/h	80,- €	3 Punkte	
31–40 km/h	120,- €	3 Punkte	
41–50 km/h	160,- €	3 Punkte	1 Monat Fahrverbot

Tempoüberschreitung			
51–60 km/h	240,- €	4 Punkte	1 Monat Fahrverbot
61–70 km/h	440,- €	4 Punkte	2 Monate Fahrverbot
über 70 km/h	600,- €	4 Punkte	3 Monate Fahrverbot

16. Raserschutz

Wer von vornherein beabsichtigt, zu schnell zu fahren, ist meist erfindungsreich, auch wenn dies einigen Aufwand bedeutet.

Folgende Maßnahmen sind mir untergekommen:

Albert S., ein begeisterter Fahrer von Muscle-Cars und Porsches, hatte eine große Ansammlung von Kappen, Mützen und Sonnenbrillen. Zudem saß er meist so aufrecht in seinem Wagen, dass bei heruntergeklappter Sonnenblende eine große Anzahl von Blitzern von ihm nur Bilder machen konnte, auf denen er nicht erkennbar war.

Christiane F. hatte auch eine große Sammlung von Sonnenbrillen und dazu noch Perücken in ihrem Auto, die sie immer dann benutzte, wenn sie es einmal eilig hatte.

Christian W. benutzte den Schlamm aus der Dose, um sein Kennzeichen so zu verschmutzen, dass es von Radarmessgeräten nicht mehr identifiziert werden konnte. Er war auch so schlau und besprühte mit dieser Dose nicht nur das Kennzeichen, sondern die gesamte Front und das Heck. Aber: Der Preis pro Dose betrug immerhin 11,- €.

Stefan W. lackierte seine Kennzeichen grundsätzlich mit Klarlack. Dies hatte zur Folge, dass durch die Reflexion des Lackes das Beweisfoto kein Kennzeichen aufwies.

17. Die rasende Großmutter

Wilfried B. fuhr einen tiefergelegten 7er-BMW. Der Wagen verfügte über mehr als 450 PS und galt in Freundeskreisen als wirkliches »Geschoss«.

Wilfried B. saß nun zum wiederholten Male vor mir und zeigte mir den Bußgeldbescheid mit einem Foto, auf dem er nicht wirklich zu erkennen war. Wilfried B. gab unumwunden preis, dass seine Großmutter gefahren sei. Es schien fast unmöglich, dass die Lenkerin eines solchen Geschoss-Wagens tatsächlich eine 80-jährige ältere Dame sein sollte. Das Foto ließ dies jedoch nicht gänzlich ausschließen. So wurde die Großmutter als Fahrerin des Pkws bei der Bußgeldbehörde angegeben. Tatsächlich wurde ihr ein Bußgeldbescheid mit einem einmonatigen Fahrverbot und weiteren drei Punkten zugestellt. Die Großmutter hatte nunmehr fünfzehn Punkte auf ihrem Konto in Flensburg, bei einem weiteren Verstoß drohte ihr der endgültige Führerscheinentzug. Eine fatale Folge für Wilfried B.

Merke: Selbst der unschuldigste Raser kann seinen Führerschein verlieren.

18. Ein unvorhergesehenes Ereignis

Steffen K. kam wegen eines Autounfalls zu mir. Ihm war die Vorfahrt genommen worden. Steffen K. war voll in die Eisen gestiegen, konnte jedoch den Unfall nicht mehr verhindern. Er legte mir ein Schreiben der gegnerischen Versicherung vor, wonach er zu 50 Prozent mithaften sollte.

Grundsätzlich ist es so, dass jeder Autofahrer für die eigene Betriebsgefahr mit 30 Prozent haftet, das heißt, er hat immer 30 Prozent vom Unfallschaden zu bezahlen. Eine Ausnahme hiervon gibt es nur dann, wenn der Unfallhergang für einen der Unfallbeteiligten ein »unvorhergesehenes Ereignis« darstellte. Ein solches »unvorhergesehenes Ereignis« kann dann vorliegen, wenn einem zum Beispiel »der Himmel auf den Kopf fällt« oder nennen wir als weniger theoretisches Beispiel, wenn der Unfallgegner über eine rote Ampel fährt.

Ein solcher Ausnahmefall war bei Steffen K. zwar nicht gegeben, dennoch war ersichtlich, warum er zu 50 Prozent mithaften sollte. Im Unfallbericht der Polizei stand, dass Steffen K. im Winter mit Sommerreifen gefahren war. Hier ist die Rechtsprechung eindeutig. Wer im Winter mit Sommerreifen fährt, haftet bei einem Verkehrsunfall zu einem erheblich höheren Maße mit als bei ordnungsgemäßer Bereifung. Die angenommene 50-prozentige Mithaftung der gegnerischen Versicherung war also durchaus angemessen.

Merke: Es kann Sie teuer zu stehen kommen, wenn Sie sich einen Reifenwechsel sparen.

19. Der Zettel und die Unfallflucht

Karsten H. konnte nicht verstehen, warum die Polizei plötzlich gegen ihn wegen Unfallflucht ermittelte. Er schilderte mir, dass er zwar einmal beim Ausparken den hinter ihm stehenden Wagen touchiert hätte, aber nicht gleich fortgefahren sei. Vielmehr hätte er zehn Minuten gewartet. Da er aber dringend zur Arbeit gemusst hätte, entschied er sich, einen Zettel mit seinem Namen und seiner Anschrift und einem Schuldeingeständnis an die Windschutzscheibe des beschädigten Autos zu heften. Nachdem er dies getan hatte, sei er dann weggefahren.

In der Ermittlungsakte stand, dass ein Nachbar Karsten H. wegen Unfallflucht angezeigt hatte. Und eine solche war es auch. Nach einem Unfall, dazu gehört auch das Touchieren eines anderen Wagens, muss man dem Unfallgegner die Gelegenheit geben, den Namen, die Anschrift und auch die Versicherungsgesellschaft des Unfallverursachers erfahren zu können. Das heißt, es bleibt einem nichts anderes übrig, als entweder selbst an der Unfallstelle zu warten, bis der Halter des beschädigten Autos kommt, oder aber die Polizei herbeizurufen und bei ihr die Personalien zu hinterlassen. Grundsätzlich kommt es bei einer Verurteilung wegen Unfallflucht immer auch zu einer Verhängung eines Fahrverbotes – außer, wenn der Schaden äußerst gering ist. Dies kann man dann annehmen, wenn der Schaden unter 500,- € liegt.

In vorliegendem Fall war der Schaden aber mit über 1.000,- € angegeben. In der Akte befand sich jedoch kein Gutachten über die tatsächliche Schadenshöhe. Der Schadenswert war von der Polizei einfach so geschätzt worden.

Es gelang uns, die Schadenshöhe des von Karsten H. verursachten Unfalls mit einem Wert von unter 500,- € nachzuweisen. So wurde das Verfahren gegen Karsten H. gegen Zahlung einer kleinen Geldbuße eingestellt. Zu einem Fahrverbot kam es nicht.

Merke: Achten Sie stets auf geschätzte Kosten und lassen Sie diese im Zweifel von einem Gutachter schätzen.

20. Kosten für den Zuparker

Elisabeth K. legte eine Rechnung vor mich hin, nach der sie 268,- € für Abschleppkosten bezahlen sollte. Aber nicht ihr eigener Wagen war abgeschleppt worden, sie hatte einen ihr unbekannten Wagen abschleppen lassen, der ihre Zufahrt zugeparkt hatte. Und das, obwohl dort ein großes Schild mit der Aufschrift stand: »Widerrechtlich geparkte Pkws werden kostenpflichtig abgeschleppt!« Aus diesem Grunde hatte Elisabeth K. das Abschleppunternehmen angerufen und es beauftragt, den unrechtmäßig parkenden Pkw abzuschleppen. Und nun war sie der Meinung, dass sich das Abschleppunternehmen die Kosten vom Halter des abgeschleppten Pkws holen müsste.

Diese Rechtsauffassung ist falsch!

Wer den Auftrag gibt, einen Pkw abschleppen zu lassen, der hat auch für die Abschleppkosten aufzukommen. Allerdings hat der Auftraggeber das Recht, sich die Abschleppkosten vom widerrechtlich Parkenden zurückzuholen. Aber vorstrecken muss der Auftraggeber die Kosten für das Abschleppunternehmen auf jeden Fall. Bis er dann an sein Geld kommt, kann eine Zeit vergehen, im Zweifel muss er es sogar einklagen.

Merke: Wer die Musik bestellt, zahlt sie auch.

21. Der Dreizehnjährige und das Autoschloss

Kai S. ist Vater eines 13-jährigen Sohnes. Vater und Sohn hatten eines Tages mit dem Auto einen Ausflug in die Innenstadt unternommen und wollten dort neue Sportschuhe kaufen. Kai S. fuhr einen älteren Wagen, der noch nicht über eine Zentralverriegelung verfügte. Sie hatten den Pkw geparkt, Kai S. hatte zwar die Fahrertür abgeschlossen, die Beifahrertür hatte sein 13-jähriger Sohn jedoch unverschlossen gelassen. Als beide nach dem Einkauf zurückkamen, hatten sie einen Bußgeldbescheid an der Windschutzscheibe heften. Und genau diesen Bußgeldbescheid legte mir Kai S. vor. Er war der Meinung, dass er nicht verpflichtet sei, seinen Pkw abzuschließen.

Aber da lag er falsch. Grundsätzlich ist jeder Pkw-Halter und Pkw-Führer verpflichtet, seinen Pkw ordnungsgemäß vor dem Zugriff von Dritten zu verschließen.

Kai S. wandte aber ein, dass er nicht für seinen Sohn hafte. Er verwies auf vorangegangene Gespräche, in denen ich ihn darüber belehrt hatte, dass der Satz »Eltern haften für ihre Kinder« nicht haltbar sei. Grundsätzlich hatte Kai S. da recht. Eltern haften nämlich nicht für ihre Kinder, insbesondere dann nicht, wenn sie regelmäßig darauf achtgeben, dass sich ihre Kinder ordnungsgemäß verhalten. In diesem Falle haftete Kai S. allerdings nicht als Vater für seinen Sohn, sondern als Halter und Führer seines Pkws. Kai S. war dafür verantwortlich, dass sein Fahrzeug im Straßenverkehr vor Zugriffen Dritter verschlossen ist. Er hatte also auch dafür zu sorgen, dass sein Sohn die Beifahrertür ordnungsgemäß verriegelt. Dies hatte jener versäumt. Der Bußgeldbescheid war zu Recht ergangen.

Merke: Der Halter haftet für die Sicherheit des Pkws.

Aber: Hätte Kai S. seinen Pkw beispielsweise an seinen Bruder verliehen, dann hätte er der Bußgeldbehörde mitteilen können, dass der Pkw verliehen gewesen sei. Als Fahrzeughalter hätte er dann keine Chance gehabt, auf den Wagen achtzugeben. Was die Angabe zum Fahrer anbelangt, hätte er von seinem Aussageverweigerungsrecht Gebrauch machen können, denn bei Verfahren gegen einen Familienangehörigen, in dem Falle gegen den eigenen Bruder, steht einem ein Aussageverweigerungsrecht zu. Es wäre denkbar gewesen, dass das Bußgeldverfahren gegen Kai S. eingestellt worden wäre. Allerdings hätte es sein können, dass Kai S. in der Zukunft ein Fahrtenbuch hätte führen müssen.

22. Länger halten als 3 Minuten

Annette N. legte mir einen Bußgeldbescheid vor, den sie nicht bezahlen wollte. Den Bescheid hatte sie erhalten, weil sie ihren Wagen länger als 3 Minuten in einem eingeschränkten Halteverbot geparkt hatte. Dort hatte sie angehalten, weil sie ihre gehbehinderte Mutter in der Innenstadt von F. zum Kaffeekränzchen abholen wollte. Im Haus der Mutter gab es einen Aufzug, mit dem die gehbehinderte Frau in ihrem Rollstuhl normalerweise bequem vom 3. Stock bis ins Erdgeschoss fahren konnte. Nur an diesem Morgen, als Annette N. geklingelt hatte, war die Frau Mama noch nicht unten angelangt. So war Annette N. hoch gefahren, hatte der Mutter noch beim Anziehen geholfen und hatte, als sie unten an ihrem Wagen angekommen war, den Bußgeldbescheid hinter ihrer Windschutzscheibe gefunden. Annette N. hatte wegen ihres Parkverhaltens zwar ein schlechtes Gewissen, sie ärgerte sich aber trotzdem über das Knöllchen.

Und sie hatte recht damit. Denn sie hatte angehalten, ihrer Mutter ohne großes Verzögern aus der Wohnung geholfen und sie zum Pkw geführt, um mit ihr dann zum Kaffeekränzchen zu fahren. Wie von Annette N. angenommen, gibt es eine Einschränkung dieses Halteverbots auf 3 Minuten nicht, wenn ein Ladevorgang oder ein Ein- oder Aussteigevorgang stattfindet. Man muss nur alles dafür tun, um schnellstmöglich alle Vorgänge abzuschließen. Eine zeitliche Begrenzung dafür gibt es nicht.

Merke: Es ist völlig rechtens, wenn Sie Ihren Wagen in einem eingeschränkten Halteverbot parken um aus- oder einzuladen – egal, ob das Menschen oder Sachen sind. Und das darf auch länger als 3 Minuten dauern.

Kapitel 2
Erbrecht

1. Das kann doch nicht alles gewesen sein

Hartmut T. erzählte mir, dass seine Großmutter gestorben war. Er hatte sie nicht mehr sehen können. Im letzten Jahr war er zum Studium in Australien gewesen. Bis zu seiner Abreise hatte ausschließlich er sich um die ältere Dame gekümmert. Diese hatte alleine gewohnt. Es hatte keinerlei Anzeichen dafür gegeben, dass seine Großmutter während seiner Abwesenheit gesundheitliche Probleme bekommen würde. Im dritten Monat seines Australienaufenthaltes war er vom Amtsgericht darüber informiert worden, dass die Großmutter unter Betreuung gestellt und ins Pflegeheim gebracht worden war. Geld für einen Extraflug nach Deutschland hatte er keines gehabt, also hatte er sich vorgenommen, alles nach seiner Rückkehr zu regeln. Regelmäßig hatte er Briefe geschrieben, allerdings keine Antworten erhalten. Nach seiner Rückkehr hatte er dann von ihrer Beerdigung erfahren.

Hartmut T. war zornig. Die Großmutter war nach dem Tod seiner Eltern seine einzige Bezugsperson gewesen. Und für sie war er der Mittelpunkt ihres Lebens gewesen. Nun war sie von irgendeinem Betreuer ins Heim gesteckt und schlussendlich beerdigt worden.

Er bat mich um Hilfe. Er wollte wissen, wo die alte Einrichtung der Großmutter und die letzten Erinnerungsstücke der Familie hingekommen waren. Auch wollte er wissen, wer ihr Erbe sei. Er hatte nichts gehört.

Ich beantragte Akteneinsicht beim zuständigen Notariat. Aus der Akte ersah ich, dass mein Mandant kein Erbe war, zwei andere Enkel waren als Erben eingesetzt worden. Das Notariat hatte ihn angeschrieben und ihm mitgeteilt, dass er pflichtteilsberechtigt sei. Aufgrund seines Auslandsaufenthaltes hatte ihn diese Nachricht allerdings nie erreicht. Ich schrieb die Erben an und bat um Auskunft. Nach einer Weile wurde mir mitgeteilt, dass der Nachlass überschuldet sei. Es sei vom Vermögen der Großmutter nichts mehr vorhanden. Diese Mitteilung nahm Hartmut T. mehr oder weniger gleichgültig hin. Er erklärte mir, dass es ihm eigentlich nur um die Beerdigung und die Erfüllung der letzten Wünsche der Großmutter gegangen sei. Da man hier jedoch nichts mehr machen könne, solle ich die Akte schließen.

Abschließend fragte ich ihn, wie die Großmutter denn gelebt habe? Er erklärte mir daraufhin, dass die Großmutter in ihrem eigenen Haus gelebt hätte, wahrscheinlich sei der Wert davon aber komplett für die Pflegekosten draufgegangen. Nach meiner Erfahrung konnte dies unmöglich sein, dazu war die Zeit, die die alte Dame im Pflegeheim gelebt hatte, zu kurz. Ich erläuterte ihm, dass auch ihm als Enkel neben dem Pflichtteilsanspruch ein sogenannter Pflichtteilsergänzungsanspruch zustünde. Dieser Anspruch hilft, wenn von der Erbmasse fast nichts mehr übrig ist, weil den Erben schon zu Lebzeiten des Erblassers alles geschenkt wurde, oder sich diese schon alles haben schenken lassen. Ich schlug ihm vor, die Erben aufzufordern, uns über die Schenkungen in den letzten zehn Jahren Auskunft zu erteilen.

Und so machten wir es auch. Die Auskunft über die erfolgten Geschenke ergab, dass ein Einfamilienhaus und eine Eigentumswohnung gleich nach der Abreise meines Mandanten nach Australien und vor der Bestellung des gerichtlichen Betreuers von der Großmutter an die Erben verschenkt worden waren.

Der Pflichtteilsergänzungsanspruch berechnete sich nun aus dem tatsächlichen Wert des von der Großmutter bewohnten Hauses und der Eigentumswohnung. Das Haus und die Eigentumswohnung hatten zusammen einen Wert von 900.000,- €, der Pflichtteilsergänzungsanspruch meines Mandanten betrug demnach 150.000,- €.

Hartmut T. begab sich gleich am nächsten Tag zum Friedhofsgärtner und zum Steinmetz und ließ für seine Großmutter erst einmal einen anständigen Grabstein anfertigen und ihr Grab ordentlich bepflanzen.

Merke: Es lohnt sich immer nachzufragen, was mit dem Vermögen des Verstorbenen passiert ist – auch wenn man nur der Pflichtteilsberechtigte ist.

2. Der unredliche Sohn

Natalie K. hatte sich von ihrem ersten Mann scheiden lassen. Dieser Mann hatte sie während der Ehe immer wieder vergewaltigt und gedemütigt. Gleich nach der Scheidung hatte sie eine Therapie angefangen. Das Sorgerecht für ihr Kind wurde ihr damals entzogen, der Sohn blieb beim Vater. Eine normale Beziehung zu ihrem Sohn hat sie nie mehr aufbauen können. Dieser strafte sie durch Missachtung. Er meldete sich nur, wenn er Geld brauchte. Sie hat es ihm oft gegeben, in der Hoffnung, dass er das würdigte. Mittlerweile war er 30, sie 55 Jahre alt.

Sie bat mich nun um Rat, weil sie überlegte, ihr Testament zu machen. Sie wollte ihre beiden Kinder aus zweiter Ehe als Erben einsetzen, der Sohn aus erster Ehe sollte nur den Pflichtteil erhalten, der auch so gering wie möglich ausfallen sollte.

Um dies zu bewerkstelligen, riet ich ihr, alle zehn Jahre eine Schenkung an ihre Kinder aus ihrer zweiten Ehe zu machen. Mit solchen Schenkungen kann man Ansprüche vom Pflichtteilsberechtigten verringern. Das heißt, wenn zum Zeitpunkt des Erbfalles nur noch wenig Geld für die Erben da ist, sind auch die Pflichtteile geringer.

Merke: Den Pflichtteilsanspruch für Ihre »Liebsten« können Sie vielleicht auf null reduzieren. Lassen Sie sich im Zweifel beraten.

3. Helena S. und die bösen Kinder

Frau S. saß vor mir und schilderte mir ihren Wunsch, unverzüglich in ein Seniorenheim ziehen zu wollen. Das einzige Problem seien ihre Kinder, die dies nicht wollten. Sie hatte aber den Wunsch, sich durchzusetzen, und ich sollte ihr dabei helfen. Zunächst wunderte mich der Wunsch der älteren Dame, denn viele ältere Menschen ziehen ja äußerst ungern in ein Seniorenheim. Da sie aber keine Verwandten in ihrer Umgebung hatte, die sich um sie kümmern konnten, war ihr Wunsch für mich doch nachvollziehbar. Was die Kinder gegen den Wunsch meiner Mandantin haben könnten, erschloss sich mir auf den ersten Blick nicht. Es konnte nur die Angst vor dem Verbrauch der möglichen Erbmasse sein. Denn klar war, dass Frau S. einen Großteil ihres Ersparten für den Heimplatz würde aufwenden müssen.

Bald war für Frau S. ein schöner Platz gefunden. Nach einiger Zeit, als sie sich schon eine Weile dort eingewöhnt hatte, fragte sie mich, ob sie ihr Testament so schreiben könne, wie sie wolle. Sie wollte ihre Kinder enterben, glaubte dies aber nicht zu können.

Doch falsch! Sie können Ihr Testament so verfassen, wie Sie es wollen. Ebenso wie Sie selbst bestimmen können, ob und wann Sie in ein Seniorenheim ziehen. Sie können Ihre Kinder auch enterben. Allerdings verbleibt den Kindern ein Pflichtteilsanspruch, der so groß ist wie die Hälfte des Erbanteiles, den das Gesetz vorsieht. Wie hoch dieser Anteil ist, richtet sich immer danach, wer die Erben sind und wie viele es sind. Erben die Ehefrau und zwei Kinder, so ist der gesetzliche Erbteil eines Kindes ¼, der Pflichtteil somit ⅛. War die Ehefrau bzw. Mutter der Kinder schon verstorben, so erben die Kinder jeweils ½, ihr Pflichtteil betrüge somit ¼.

Frau S. vermachte ihr restliches Vermögen ihrer besten Freundin.

Merke: Sie können Ihr Vermögen vererben, an wen Sie wollen!

Aber: Eine kleine Einschränkung ersehen Sie aus nachfolgendem Fall 4:

4. Die Tierliebhaberin

Theresa Z. lebte allein mit ihrem 5-jährigen Dackelrüden. Sie hatte weder Kinder noch Verwandte. Eines Tages erfuhr sie, dass sie unheilbar an Bauchspeicheldrüsenkrebs erkrankt war. Ihre einzige Sorge galt nun ihrem Dackel. Wie sollte es mit ihm weitergehen, wenn sie nicht mehr war? Sie wünschte sich eine sichere Zukunft für ihn, und so fragte sie mich, ob sie frei in der Gestaltung ihres Testamentes sei.

Grundsätzlich konnte Theresa Z. ihr Testament so verfassen, wie sie es für richtig hielt. Das Einzige, was sie beachten musste, war die Tatsache, dass sie als Erben nur Menschen, Organisationen oder Vereine einsetzen konnte. Tiere können nicht Erben sein.

Allerdings konnte Theresa Z. die Erfüllung ihres Wunsches so erreichen, indem sie in ihr Testament einen Erben einsetzt und diesem auferlegt, für ihren Dackel besonders zu sorgen. Ich habe ihr allerdings empfohlen, zusätzlich noch einen Testamentsvollstrecker einzusetzen, der darauf achtet, dass der Erbe tatsächlich auch für das Tier sorgt.

Und so verfügte Theresa Z. Hätte sie den Testamentsvollstrecker nicht eingesetzt, würde niemand den Erben kontrollieren, und es wäre nicht sicher, dass der letzte Wille von Theresa Z. auch erfüllt wird.

Merke: Ohne Testamentsvollstrecker gibt es keine Kontrolle darüber, dass die Erben auch so handeln, wie man es möchte!

5. Der letzte Wille

Steffen S. war 80 Jahre alt, als er vor mir saß und mir sein Testament zeigte. Er wollte wissen, ob dieses Testament genau so umgesetzt werden könne oder ob er noch irgendetwas zu beachten habe. Er hatte seine beiden Kinder zu Alleinerben eingesetzt. Das Außergewöhnliche an der Erbmasse war, dass er vier sehr teure Gemälde besaß, die ihm bereits sein Vater vererbt hatte. Er wollte, dass seine Kinder diese Gemälde nach seinem Tod nicht verkauften – was er wohl befürchtete, weil seine Kinder noch keinen großen Gefallen an diesen Gemälden gefunden hatten.

Er hatte sein Testament auf seinem PC geschrieben und es nun für mich ausgedruckt.

Ich erklärte ihm zuerst, dass dieses Testament nicht gültig sei. Ein persönliches Testament muss mit der Hand geschrieben und mit Ort und Datum sowie mit der eigenen Unterschrift versehen sein. Dies wusste Steffen S. nicht. Darüber hinaus erklärte ich ihm, dass sein Wunsch, dass die Kinder die vier Gemälde in den nächsten 10 Jahren nicht veräußern dürfen, auf wackeligen Füßen stehen würde. Das verstand er nicht, da er doch in seinem Testament alles anordnen könne, solange es nicht gegen die guten Sitten verstoße. Zwar war ihm hier zuzustimmen, aber es blieb die Frage: Wer kontrolliert, dass die Kinder die Bilder nicht verkauften? Würden sich die beiden Kinder von Steffen S. einig sein, würden sie die Bilder veräußern können. Niemand würde dagegen einschreiten.

Das Einzige, was Stefan S. Sicherheit geben konnte, war die Anordnung einer Testamentsvollstreckung. Ein Testamentsvollstrecker würde dann in seinem Fall die Aufgabe übernehmen, darauf achtzugeben, dass die Kinder die Bilder erst dann verkaufen, wenn die Zeitdauer des Verkaufsverbotes abgelaufen war. Ins Testament wurde deshalb hineingeschrieben:

»Wenn die Kinder vor Ablauf von 10 Jahren eines der Gemälde veräußern, haben sie an die gemeinnützige Organisation 50.000,- € zu bezahlen. Insoweit ordne ich Testamentsvollstreckung an. Der Testamentsvollstrecker hat die Aufgabe, darüber zu wachen, dass die Bilder nicht verkauft werden und widrigenfalls die zu zahlende Spende durchzusetzen.«

Merke: Auch Erben müssen manchmal überwacht werden.

6. Der gehörnte Ehemann

Vor Kurzem hatte Wilhelm S. erfahren, dass ihn seine geliebte Ehefrau in den letzten fünf Jahren betrogen hatte. Und nun war ihm auch noch mitgeteilt worden, dass er unheilbar krank sei und er in absehbarer Zeit sterben werde. Um sich an seiner Ehefrau zu rächen, wollte er sie nun enterben.

Ich riet ihm davon ab. – Warum? Wenn er sie enterben würde, würde sie ihren Pflichtteilsanspruch sicher neben ihrem Erbanspruch als Ehefrau auf den Zugewinnausgleich geltend machen.

Ich schlug stattdessen Wilhelm S. folgenden Text für sein Testament vor: »Meine Erben sollen meine Kinder Harry und Berta sein, meine geliebte Ehefrau soll ein lebenslanges Wohnrecht im Haus haben und soll 250.000,- € bekommen.«

Wilhelm S. war ein wohlhabender Mann, er besaß neben dem Einfamilienhaus, in dem er mit seiner Frau lebte, zwei Mehrfamilienhäuser sowie ein Barvermögen von zwei Millionen €.

Tatsächlich ging der Plan auf: Die Ehefrau wollte ihr Gesicht vor den Kindern nicht verlieren und begnügte sich mit dem ihr im Testament Vermachten. Vielleicht kam sie aber auch durch die wohlwollende Formulierung »meine geliebte Ehefrau« gar nicht auf die Idee, dass Wilhelm S. ihr testamentarisch weniger zukommen ließ, als sie tatsächlich hätte verlangen können.

Merke: Manchmal kommt ein Gentlemen auch noch nach dem Tod zum Ziel.

7. Von allen verlassen

Marianne H. war von ihren Kindern enttäuscht. Sie hatte alles für sie getan, hatte für eine anständige Schul- und Berufsausbildung gesorgt. Und obwohl sie eine liebevolle Mutter gewesen war, hatte sie von ihren Kindern seit 10 Jahren nur noch eine Postkarte zu Weihnachten und zum Geburtstag bekommen.

Marianne H. schrieb in ihrem Testament, dass sie ihren Kindern zu Lebzeiten schon allerlei Geschenke gemacht hätte, diese sich jedoch nie um sie gekümmert hätten. Sie schrieb des Weiteren, dass sie ihre Kinder enterben wolle, und setzte stattdessen ihre Nachbarin zur Alleinerbin ein. Diese hatte sie im Altenheim wöchentlich mehrfach besucht und war ihr stets mit Rat und Tat zur Seite gestanden.

Marianne H. hatte mit dieser Nachbarin auch einen notariellen Vertrag geschlossen, in dem sie ihr für ihre jahrzehntelangen Dienste die Rechte an einem beträchtlichen Sparvermögen nach ihrem Ableben übertrug.

Nach dem Tod von Marianne H. war von ihrem Vermögen praktisch nichts mehr vorhanden. Sie war glücklich eingeschlafen, und ihre undankbaren Kinder waren mit ihren Pflichtteilsansprüchen baden gegangen.

Merke: Wenn Sie sich rechtzeitig von Ihrem Vermögen trennen, können Sie die Pflichtteilsberechtigten leer ausgehen lassen.

8. Steuerfrei erben

Es gibt ja wohl nichts Langweiligeres als Steuern, es sei denn, man muss sie bezahlen, dann hört die Langeweile auf, und sie tun weh.

Doch es gibt unterschiedlichste Möglichkeiten, diese Steuerlast, in diesem Falle die Erbschaftssteuer, zu reduzieren, zum Beispiel durch Schenkungen. Eltern können ihren Kindern beispielsweise alle zehn Jahre steuerfrei eine Schenkung von bis zu 400.000,- € zukommen lassen. Solche Schenkungen können dazu beitragen, dass das Vermögen von den Eltern peu à peu auf die Kinder übertragen wird und diese als spätere Erben nur noch wenig oder sogar keine Erbschaftssteuer mehr dafür zahlen müssen.

Hier eine kleine Liste mit den Erbschaftssteuersätzen. Anhand der Steuersätze kann man sehen, wie viel der Staat vom vererbten Vermögen haben will:

Tabelle 1

Wert der Erbsumme bis einschließlich	Vomhundertsatz in der Steuerklasse		
Euro	I	II	III
75.000,-- €	7 %	15 %	30 %
300.000,-- €	11 %	20 %	30 %
600.000,-- €	15 %	25 %	30 %
6.000.000,-- €	19 %	30 %	30 %
13.000.000,-- €	23 %	35 %	50 %
26.000.000,-- €	27 %	40 %	50 %
über 26.000.000,-- €	30 %	43 %	50 %

Grundsätzlich ist geregelt, dass es drei Steuerklassen gibt.

Zur Steuerklasse I zählen:

- § der Ehegatte,
- § der eingetragene Lebenspartner,
- § die Kinder,
- § die Stiefkinder,
- § die Enkel,
- § die Großenkel,
- § die Eltern und
- § die Großeltern.

Zur Steuerklasse II zählen:

- § die Geschwister,
- § die Nichten und Neffen,
- § die Stiefeltern,
- § die Schwiegereltern und
- § der geschiedene Ehegatte.

Zur Steuerklasse III gehören alle übrigen Personen, also:

- § die Cousins und Cousinen,
- § die Großnichten und -neffen und
- § alle nicht verwandten Erwerber.

Wichtig: Jeder Steuerpflichtige hat einen Erbschaftsteuerfreibetrag. Das heißt, bis zu diesem Betrag muss er keine Erbschaftssteuer zahlen. Hier die Grenzbeträge für die unterschiedlichen Steuerklassen:

Tabelle 2

Steuerklasse I	Ehegatten	500.000,- €
	Kinder, Stiefkinder, Kinder verstorbener Kinder und Stiefkinder	400.000,- €
	Enkelkinder	200.000,- €
	Eltern und Großeltern bei Erbschaften	100.000,- €
Steuerklasse II	Eltern und Großeltern bei Schenkungen, Geschwister, Neffen und Nichten, Stiefeltern, Schwiegereltern, geschiedene Ehegatten	20.000,- €
Steuerklasse III	alle übrigen Beschenkten und Erwerber (z. B. Tanten, Onkel), Zweckzuwendungen	20.000,- €
	gleichgeschlechtlicher Lebenspartner bei einer eingetragenen Lebenspartnerschaft	500.000,- €

Merke: Erst wenn die Erbsumme über dem Steuerfreibetrag liegt, muss man Steuern zahlen, siehe Tabelle 1.

9. Berliner Testament kontra Erbschaftssteuer

Wer sich schon einmal mit dem Entwurf eines Testaments beschäftigt hat, dem ist der Begriff des »Berliner Testaments« bekannt. So auch meinen Mandanten Irina K. und Stefan K. Sie hatten ein Berliner Testament aufgesetzt, in dem sie sich gegenseitig als Alleinerben eingesetzt hatten. Aber nun saßen sie vor mir, da sie gehört hatten, dass diese Lösung nicht unbedingt die beste sei, und wollten Näheres wissen. Das Ehepaar hatte zwei Kinder und ein Vermögen in Höhe von je 1.000.000,- €.

Ich habe den beiden von dem Berliner Testament abgeraten, da Irina K. und Stefan K. durch dieses Testament die Möglichkeit geraubt wird, Erbschafts-Steuerfreibeträge gänzlich auszuschöpfen. Der Erbschafts-Steuerfreibetrag bei einem Ehegatten beträgt 500.000,- €, bei jedem Kind 400.000,- € (siehe Tabelle 2, S. 46). Würden sich also die beiden Ehegatten gegenseitig zu Alleinerben einsetzen, so müsste jeder einen Betrag in Höhe von 500.000,- € versteuern. Dies natürlich nur für den Fall, dass die Kinder ihren Pflichtteilsanspruch nicht geltend machen. – Im Normalfall gehen intakte Familien davon aus, dass der Pflichtteil von den Kindern nicht eingefordert wird. – Wenn dem also so ist, dann müssen auf die verbleibenden zu versteuernden 500.000,- € 15 Prozent Erbschaftssteuer bezahlt werden, was immerhin einen Betrag in Höhe von rund 75.000,- € ausmacht. (Siehe Tabelle 1, S. 44)

Ich habe den Ehegatten geraten, sich in ihrem Testament jeweils zu ½ einzusetzen und die Kinder mit jeweils ¼ zu bedenken. Mit diesem Testament müssen keinerlei Erbschaftssteuern bezahlt werden.

Merke: Vererben Sie steuerbewusst, denn der Staat nimmt gern.

10. Testament und Ergänzungspfleger oder: Der Fremde in der Familie

Andrea S. war völlig verzweifelt. Vor Kurzem war ihr 35-jähriger Ehemann verstorben. Niemand hatte mit seinem Tod gerechnet, ein Herzinfarkt hatte ihn ins Grab gebracht. Andrea S. war nun mit ihrem 5-jährigen Kind allein. Ihr Mann war selbstständiger Handwerker gewesen. Das einzige Vermögen, das die Familie besaß, war ein noch nicht abbezahltes Einfamilienhaus. Aufgrund der geringen Witwenrente, die Andrea S. jetzt erhielt, war sie sich sicher, dass sie das Einfamilienhaus nicht würde halten können. Sie musste es verkaufen. Das wollte sie auch, aber es wurde ihr verboten. Und deshalb war sie bei mir.

Wer konnte ihr verbieten, das eigene Haus zu verkaufen? – Es war der Ergänzungspfleger des Amtsgerichts.

Andrea S. hatte mit ihrem Mann nämlich kein Testament verfasst, sie waren ja noch jung und hatten nicht an einen möglichen Todesfall gedacht. Aus diesem Grunde trat die gesetzliche Erbfolge ein. Die gesetzlichen Erben des 35-jährigen Ehemanns waren Andrea S. zur einen Hälfte und ihr 5-jähriger Sohn zur anderen Hälfte. – Sicherlich so, wie es ihr verstorbener Mann auch gewollt hätte.

Doch für all die Fälle, in denen Andrea S. für ihren 5-jährigen Sohn ein Geschäft abschließen wollte, das eventuell auch einen Nachteil für den Jungen bedeutete, wurde vom Amtsgericht ein Ergänzungspfleger bestimmt. Und gerade der Verkauf eines Hauses kann für eine Person nachteilig sein, da dadurch von ihrem Vermögen etwas weggegeben wird. Das heißt, die Mutter konnte das Haus nicht einfach verkaufen, weil es ihrem Sohn zur Hälfte gehörte.

Andrea S. hatte nun auf einmal einen völlig Fremden in ihrer Familie sitzen, der mit darüber bestimmen durfte, was mit dem Eigenheim passieren sollte. Der Rechtspfleger war natürlich nicht sicher, ob der Preis, den Andrea S. vom Immobilienmakler als Angebot für das Haus erhalten hatte, verkehrsüblich war. Er konnte sich kein Urteil darüber erlauben, da ihm die Sachkenntnis fehlte. Deshalb gab er ein Gutachten in Auftrag, mit dem das Haus geschätzt werden sollte. Das Gutachten kostete mehr als 2.500,- €. Bis das Gutachten fertig war, war der erste Verkaufsinteressent schon abgesprungen und ein neuer fand sich lange nicht, da der Verkaufspreis, der sich am Wert des Gutachtens orientierte, zu hoch war. Der Ergänzungspfleger fand erst nach Monaten den Mut, den Preis zu senken. Als das Haus dann endlich verkauft wurde, war der Verkaufspreis der, den Andrea S. ursprünglich veranschlagt hatte. – Nur, dass nun mehrere Monate in Unsicherheit und finanziellem Druck vergangen waren.

Hätte Andrea S. mit ihrem Mann ein gemeinschaftliches Testament gemacht, in dem sie beide einen Ergänzungspfleger – zum Beispiel den Großvater oder die Großmutter – bestellt hätten, dann wäre der Ergänzungspfleger nicht vom Amtsgericht bestimmt worden. Im Zweifel hätte man sich dann auch die Kosten für ein Immobiliengutachten sparen können.

Aber auch nach dem Hausverkauf wurde Andrea S. den Ergänzungspfleger nicht los. Sie musste ihm Jahr für Jahr Rechenschaft darüber ablegen, dass sie das Geld des Jungen – die Hälfte des Verkaufserlöses standen ja dem Kind zu – »mündelsicher« anlegte.

Merke: Achten Sie darauf, wenn Sie noch kleine Kinder haben, dass Sie frühzeitig ein Testament mit Nennung eines Ergänzungspflegers machen, ansonsten bekommen Sie vielleicht ein Familienmitglied hinzu, auf das Sie gerne verzichten würden.

11. Ausweg aus der Erbschaftsfalle

Er hatte seinen Onkel nicht gekannt, umso mehr hatte sich Karl G. gefreut, als er die Mitteilung erhielt, dass ihn dieser Onkel als Erbe über ein Vermögen von weit über 1.000.000,- € eingesetzt hatte.

Nun saß er vor mir, die Freude war schon längst verblichen. Es hatte sich herausgestellt, dass Karl G. eine überschuldete Erbmasse übernommen hatte, denn der Onkel hatte bei mehreren Geschäftspartnern Darlehensschulden von insgesamt weit über 2.000.000,- €. Die Unterlagen über diese Schulden tauchten erst nach Ablauf der Ausschlagungsfristen für die Erbschaft auf. Hätte Karl G. früher von den Schulden gewusst, hätte er die Erbschaft natürlich nicht angenommen.

Nun aber setzten ihm die Gläubiger zu. Sie verlangten von ihm die Zahlung der Schulden des verstorbenen Onkels. Und diese Forderung erhoben sie völlig zu Recht, denn der Erbe haftet auch für die Schulden dessen, den er beerbt hat. Was sollte Karl G. jetzt tun?

Tatsächlich half Karl G. die »Einrede der Dürftigkeit des Nachlasses«, das heißt, er konnte den Gläubigern entgegenhalten, dass die Erbmasse nicht ausreiche, um die Schulden zu bezahlen. Mit einer Million € Erbmasse konnte er schlichtweg keine zwei Millionen € Schulden bezahlen. Die mit dieser »Einrede« zusammenhängenden Verfahren haben einige Zeit in Anspruch genommen, auch war der Nervenaufwand für meinen Mandanten nicht unerheblich. Aber er konnte davor bewahrt werden, mit seinem Privatvermögen die Schulden seines Onkels bezahlen zu müssen. Und dies, obwohl er die Fristen zur Ausschlagung der Erbschaft versäumt hatte. Karl G. konnte also mit einer Einrede seinen Kopf gerade noch aus der Schlinge ziehen.

Merke: Sie haben 6 Wochen Zeit, um eine Erbschaft auszuschlagen. Innerhalb dieser Frist sollten Sie prüfen, ob die Erbmasse überschuldet ist.

12. Erbschaftsausschlagung und das war's?

Emma C. stand nun alleine da. Ihr Mann war verstorben. Sie hatte von ihrem Mann nur ein Haus geerbt, aber es war mit einem Nießbrauchsrecht belastet. Emma C. hatte Angst, dass sie nun ausschließlich für die Verbindlichkeiten des Hauses aufkommen müsste. Da sie nicht wusste, wie lange die Nießbrauchsberechtigten das Objekt noch nutzen würden, hatte sie sich deshalb entschlossen, den Schaden möglichst gering zu halten und die Erbschaft auszuschlagen.

Alle ihre Freunde hatten sie für verrückt erklärt. Immer und immer wieder hatten ihr diese Freunde erklärt, dass das nicht alles sein könnte, was für sie nach dem Tode ihres Mannes und einer dreißigjährigen Ehe bliebe. Und so saß sie nach der Erbausschlagung vor mir.

Zwar hatte die Ehezeit nichts damit zu tun, aber die Freunde von Emma C. hatten recht. Sie hatte Anspruch auf ihren Pflichtteil und dazu noch auf einen Zugewinnausgleich gegen die Erben.

Da Emma C. die Erbschaft ausgeschlagen hatte, musste jemand anderer Erbe ihres Mannes werden. In diesem Falle waren es die beiden Schwestern des verstorbenen Mannes, die auch das Nießbrauchsrecht am Haus hatten. Gegen diese Schwestern hat Emma C. die Pflichtteils- und Pflichtteilsergänzungsansprüche geltend gemacht. Emma C. stand gegen die Schwestern ein Pflichtteil von ¼ zuzüglich des Zugewinnausgleichs zu. Dieser war erheblich, da der wesentliche Wert des Nachlasses in einem Grundstück bestand, das in der Ehezeit von Ackerland zu Bauland geworden war. Der sich daraus ergebende Pflichtteils- und Zugewinnausgleichsanspruch brachte Emma C. in die Situation, über 500.000,- € verlangen zu können.

Die Schwestern wollten diese Summe nicht bezahlen und übertrugen das Haus des verstorbenen Mannes auf Emma C. Emma C. lebte noch viele Jahre in ihrem Haus, an dem niemand mehr ein Recht besaß.

Merke: Nehmen Sie nicht jede Erbschaft an, manchmal bringt eine Ausschlagung mehr.

13. Lebensversicherung und Erbe

Felix K. war von seinem Vater als Alleinerbe eingesetzt worden. Die Mutter von Felix K. war bereits gestorben, als er fünf Jahre alt war, der Vater hatte ihn allein großgezogen, der Junge war sein einziges Kind. Als Felix K. 21 Jahre alt war, hatte der Vater noch einmal geheiratet. Diese Ehe hielt nur zwei Jahre und scheiterte, weil Stefan K. von seiner zweiten Frau mehrfach betrogen worden war. Was folgte, war eine schmutzige Ehescheidung.

Und um diese Ehe ging es nun. Besser gesagt, um die Folgen dieser Ehe. Denn kurz nach der Hochzeit hatte der Vater von Stefan K. eine Lebensversicherung abgeschlossen. Als deren Bezugsberechtigte hatte er seine damalige zweite Frau eingetragen. Bei der Sichtung des Nachlasses hatte Felix K. nun festgestellt, dass sein Vater völlig vergessen hatte, die Bezugsberechtigung der Lebensversicherung für seine untreue Ex-Frau zu streichen. Sollte diese Person tatsächlich die Lebensversicherung seines Vaters bekommen?

Wir hatten Glück. Von der Versicherungsgesellschaft war die Ex-Frau noch nicht über den Tod von Felix K.'s Vater informiert worden.

Die Eintragung eines Bezugsberechtigten in einer Lebensversicherungspolice ist juristisch als Schenkungsangebot an den Bezugsberechtigten zu werten. Um die Schenkung vollziehen zu können, ist es notwendig, dass der Beschenkte die Schenkung annimmt. Dies kann er natürlich nur dann tun, wenn er etwas von der Schenkung weiß. Da sich im Fall von Felix K. die Versicherung aber bislang noch nicht bei der zweiten Ex-Frau gerührt hatte, konnte diese das Schenkungsangebot nicht annehmen.

Zu Lebzeiten ist es natürlich das Recht des Versicherungsnehmers, die Schenkung zu widerrufen. Mit dem Tode geht dieses Recht auf den Erben über, in diesem Falle auf Felix K. Er widerrief die Bezugsberechtigung zugunsten der untreuen Ex-Frau gerade noch rechtzeitig. In der Lebensversicherung hatte sein Vater einen Betrag von 250.000,- € angespart. Das ergab 250.000 € mehr in der Erbmasse von Felix K.

Merke: Erben können die Bezugsberechtigung von Lebensversicherungen widerrufen – wenn sie schnell genug sind!

(Siehe auch das Kapitel »Lebensversicherung und Scheidung, S. 197f.)

14. Oma sparte für Enkel

Karsten W. war traurig. Er war nicht nur traurig, weil seine Großmutter verstorben war; er war auch traurig, weil nunmehr der Bruch mit seiner Familie offen zutage trat.

Die Großmutter hatte mit ihm gemeinsam bei der Bank ein Sparbuch angelegt, das er nach ihrem Tod bekommen sollte. In diesem Sparbuch war er als Inhaber aufgeführt. Zudem hatte die Großmutter ein Testament geschrieben. In diesem Testament hatte sie ihre beiden Töchter als Erben eingesetzt. Und diese Erben, darunter auch die Mutter von Karsten W., wollten das Sparbuch nicht herausgeben, da sie der Auffassung waren, dass es zur Erbmasse und damit ihnen gehöre. Karsten W. hatte mehrfach versucht, mit seiner Mutter und seiner Tante zu sprechen und sie davon zu überzeugen, dass die Oma doch für ihn das Sparbuch angelegt hatte und dass deshalb auch das Sparvermögen das seine sei. Darüber hatte es einen heftigen Streit in der Familie gegeben, der schlussendlich dazu führte, dass niemand mehr mit dem anderen sprach.

Tatsächlich stand das Recht auf der Seite von Karsten W. Die Großmutter hatte für ihn gespart, sie hatte seinen Namen in das Sparbuch als Inhaber eintragen lassen und somit deutlich gemacht, dass sie eine Schenkung an Karsten W. beabsichtigte. Natürlich war diese Schenkung noch nicht vollzogen, denn zu einer Schenkung gehört nicht nur der Wille des Schenkenden, etwas ohne Gegenleistung an einen anderen geben zu wollen, sondern auch der Wille des Beschenkten, das Geschenk anzunehmen. Das Schenkungsangebot musste von Karsten W. nun eingefordert werden. Das konnte er erst jetzt nach dem Tod der Großmutter tun, denn die Großmutter wollte ja erst zu diesem Zeitpunkt schenken. Wir stellten der Gegenseite diese rechtliche Situation sehr genau dar; aber erst, als sie sich selbst anwaltlichen Rat eingeholt hatten, konnten die Mutter und die Tante davon überzeugt werden, dass sie das Sparbuch herausgeben müssen. Karsten W. konnte mit diesem Geschenk seiner Großmutter sein Studium zu Ende führen und hatte danach sogar noch etwas auf der hohen Kante. Der Wert des Sparbuches belief sich immerhin auf 120.000,- €.

Merke: Weiß der Beschenkte bis zum Tod des Schenkers oder Erblassers nichts von einem Vermögen, das er erben sollte, kann der Erbe die Schenkung widerrufen. Er kann das aber nicht mehr, wenn der Beschenkte gesagt hat, dass er die Schenkung annimmt.

Manchmal beginnt hier ein Wettlauf mit der Zeit, denn oftmals ist es entscheidend, wer zuerst von der Schenkung erfährt: der Erbe oder der Beschenkte.

15. Der Brief und das Testament

Von einer Freundin hatte Marlis L. erfahren, dass ihr alter Schulfreund Gotthilf vor einem halben Jahr verstorben war. Diese Freundin berichtete ihr auch, dass Gotthilf sehr vermögend gewesen war und keine Kinder oder sonstige Erben gehabt hatte. Aus diesem Grund war das Finanzamt, das heißt der Staat, Erbe geworden.

Marlis L. erinnerte sich an einen Brief, den sie vor langer Zeit von Gotthilf erhalten hatte. Allerlei hatte ihr alter Freund Gotthilf in diesem Brief geschrieben. Es gab viel zu berichten, denn Gotthilf hatte viele Jahre im Ausland gelebt, sie hatte ihn schon seit Jahren nicht mehr gesehen. Im Brief stand unter anderem aber auch Folgendes geschrieben:

> »Liebe Marlis,
>
> Du weißt, dass Du meine einzige große Liebe warst. Sollte mir einmal etwas passieren, so möchte ich, dass Du meine Alleinerbin bist. Bis zum heutigen Tag hat es keine andere Frau nach Dir gegeben, ich habe Dir ja bereits berichtet, dass ich weder verheiratet bin, noch Kinder habe ...«

Danach enthielt der Brief noch einige persönliche Mitteilungen, er war mit Ort und Datum versehen und hatte auch eine vollständige Unterschrift von Gotthilf. Diesen Brief legte mir Marlis L. vor und fragte, ob er erbrechtliche Relevanz haben könnte.

Der Brief konnte in der Tat als Testament gewertet werden. Unsere Nachforschungen ergaben, dass dies das einzige Schriftstück von Gotthilf war, das man als Testament bezeichnen konnte.

Auch wenn ein Amt keine Emotionen haben kann, so war die Enttäuschung des Sachbearbeiters vom Finanzamt doch deutlich zu spüren, als wir die Ansprüche von Marlis L. auf die Erbschaft beim Finanzamt anmeldeten. Das Finanzamt musste die Erbmasse in Höhe von insgesamt 1.500.000,- € an Marlis L. herausgeben. Es behielt allerdings seinen Erbschaftssteueranspruch. Dieser lag bei 50 Prozent, was, wie ich meine, auch ausreichend war.

Merke: Auch ein Brief kann als Testament gewertet werden!

16. Suizid und Lebensversicherung

Mary K. war verzweifelt. Ihr Mann hatte sich umgebracht und sie und ihre beiden kleinen Kinder alleine zurückgelassen. Sie lebten in einem Haus, das sie sich gekauft hatten, das aber noch lange nicht abbezahlt war. Da sich ihre Hinterbliebenenrente auf circa 1.000,- €, belief, war Mary K. klar, dass sie das Familienheim nicht würde halten können. Meine Frage, ob sonst noch etwas im Nachlass vorhanden sei, das sie eventuell veräußern könnte, um das Haus halten zu können, verneinte Mary K. Erst als ich sie sehr direkt auf Versicherungen ansprach, erwähnte sie die Lebensversicherung, die ihr Mann abgeschlossen hatte, fügte jedoch gleich hinzu, dass diese ja bei Suizid nicht bezahlen würde.

Mary K. war wie viele Leute von etwas überzeugt, was sie einmal in irgendeiner Zeitung gelesen oder an irgendeiner Theke gehört hatte. Meist ist dieses so aufgeschnappte Wissen jedoch eine Ansammlung von Halbwissen oder gar falschem Wissen.

Konkret bedeutete dies in unserem Fall: Zwar gab es früher bei Lebensversicherungen einen Leistungsausschluss bei Suizid, seit 2008 ist dies allerdings anders. Der Leistungsausschluss gilt nur für einen Zeitraum von drei Jahren nach Abschluss des Versicherungsvertrages, danach muss die Versicherung voll bezahlen. Der Leistungsausschluss entfällt aber auch dann, wenn der Suizid innerhalb dieser drei Jahre in einem Geisteszustand geschieht, der die freie Willensbestimmung eingeschränkt hat. Mit dieser Frage mussten wir uns in vorliegendem Falle allerdings nicht beschäftigen, da die Karenzzeit von 3 Jahren abgelaufen war.

Mit dem Geld von der Lebensversicherung konnte Mary K. die Restschulden ihres Hauses begleichen und mit ihren Kindern im Haus wohnen bleiben. Um die Lebensunterhaltskosten für ihre kleine Familie aufbringen zu können, nahm Mary K. eine Halbtagsstelle an.

Merke: Klauseln in Verträgen müssen nicht gültig sein. Manches Mal lohnt es sich, rechtlichen Rat einzuholen. Auch bei einem Suizid kann es einen Anspruch gegen die Lebensversicherung geben.

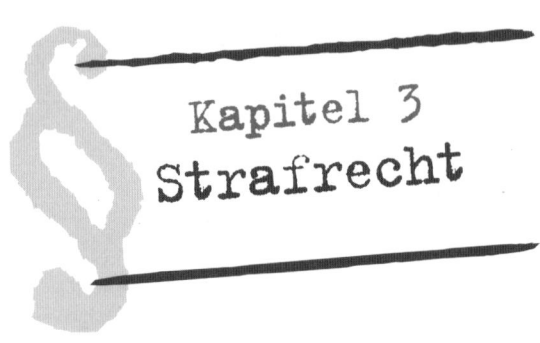

Kapitel 3
Strafrecht

1. Die hübsche Zeugin

Nun eine Geschichte, die schon einige Jahre her ist: Als junger Referendar saß ich neben dem Richter auf der Richterbank, wir hatten folgenden Fall zu beurteilen:

Harry S. war wegen einer Trunkenheitsfahrt angeklagt. Er war einer von den Typen, die einen glauben machen wollen, dass sie ihr Leben im Griff haben. Von Anfang an hatte man allerdings im Gerichtssaal den Eindruck, dass ihm das weder der Richter noch der Staatsanwalt abkaufen würde. Letzterer machte überhaupt keinen Hehl daraus, dass er den Angeklagten zudem für einen Lügner hielt, denn Harry S. bestritt die Tat.

Zum Beweis seiner Unschuld hatte der Angeklagte seine Freundin als Zeugin vorladen lassen. Als die junge Dame den Gerichtssaal betrat, schauten alle auf. Die Zeugin war eine äußerst gut aussehende, klassische, 1,75 Meter große Blondine mit perfekter Frisur und fast zu kurzem Rock. Die Haare zum Pagenkopf geschnitten, setzte sie sich in den Zeugenstuhl, schob ihre Sonnenbrille ins Haar und verschränkte lässig die Arme. Sie sagte dann aus, dass ihr Freund nicht gefahren sei. Sie hätte die ganze Zeit neben ihm gesessen. Der Motor sei nicht ein einziges Mal angelassen worden.

Der Staatsanwalt fühlte sich auf den Arm genommen und wies darauf hin, dass der Pkw ihres Freundes in einer Schlange von mehreren Wagen gestanden hätte, die darauf warteten, mit der Fähre übergesetzt zu werden. Irgendwie müsse der Wagen ja da hingekommen sein. Die Zeugin konnte den Wagen nicht gefahren haben, denn nach Aktenlage hatte sie keinen Führerschein.

Da die junge Zeugin von Anfang an gemerkt hatte, dass der Staatsanwalt ihr kein Wort glaubte, schenkte sie ihre ganze Aufmerksamkeit dem Richter. Sie nahm sorgsam ihre Brille aus dem Haar und führte langsam den rechten Bügel der Brille an ihre Lippen. Die öffnete sie dann und begann mit der Zunge sehr deutlich mit dem Brillenbügel zu spielen, den sie dabei immer tiefer in ihren Mund gleiten ließ, während sie den Richter mit leicht gesenktem Kopf von unten anschaute.

Bei dem hatte dies tatsächlich Wirkung. Er wurde immer nervöser, rutschte auf seinem Stuhl hin und her und erklärte auf einmal, dass die Verhandlung kurz unterbrochen werde. Er gab mir zu verstehen, dass ich mit ins Beratungszimmer kommen solle. Im Beratungszimmer angekommen, sagte er sichtlich irritiert und völlig außer sich: »Herr Referendar, dem Nüttchen glaub ich kein Wort.«

Der gewollte Beeinflussungsversuch der blonden Zeugin blieb nicht ohne Folgen. Sie erhielt in einem späteren Verfahren eine neunmonatige Freiheitsstrafe wegen uneidlicher Falschaussage.

Merke: Auch wenn es vorkommen soll, dass manche Zeugen es mit der Wahrheit nicht allzu genau nehmen: Als Zeuge vor Gericht sind Sie verpflichtet, die Wahrheit zu sagen. Tun Sie das nicht, müssen Sie mit einer Haftstrafe rechnen.

2. Das Gewissen des Zeugen

Der Zeuge Herbert S. sagte mir vor dem Prozess nicht, was er gesehen hatte. Er fragte mich allerdings, welche Strafe ihn erwarte, wenn er lügen würde. Ich antwortete ihm Folgendes: Wenn ein Zeuge im Gerichtssaal wissentlich falsch aussagt und er nicht vereidigt wird, muss er mit einer Freiheitsstrafe ab einem halben Jahr rechnen; wird er vereidigt, das heißt, hat er geschworen, dass er die Wahrheit sagt, beträgt die Freiheitsstrafe mindestens ein Jahr.

Da Herbert S. kein Verwandter des Angeklagten war, sondern nur ein sehr guter Freund, hatte er kein Zeugnisverweigerungsrecht. Er musste also aussagen. Und das tat Herbert S. Er erzählte, wo er am Tatabend gewesen sei, mehr sagte er aber nicht aus. Herbert S. erklärte dem Gericht, dass er sich nicht erinnern könne. Keine Frage des Gerichts oder der Staatsanwaltschaft vermochte die Erinnerungen von Herbert S. wieder herbeizuführen. Doch sowohl das Gericht als auch der Staatsanwalt und ich waren davon überzeugt, dass er mehr wusste, als er zugab.

So machte Herbert S. eine Aussage, die offensichtlich falsch war, und wurde deshalb dennoch nicht angeklagt.

Tatsächlich habe ich es in meiner gesamten Anwaltslaufbahn nicht ein einziges Mal erlebt, dass ein Zeuge verurteilt wurde, weil er sich nicht erinnern konnte.

Darüber hinaus stellt sich auch die Frage, was man von Zeugen in Gerichtsverfahren erwarten kann. Können Sie sich erinnern, was vor einem halben Jahr an einem bestimmten Sonntagvormittag passiert ist? Wissen Sie noch, wo Sie am 16.9. vergangenen Jahres waren?

Ich wundere mich immer wieder darüber, über welches Erinnerungsvermögen manche Menschen verfügen, die über Vorgänge berichten, die teilweise Jahre zurückliegen. Denn Gerichtsverfahren können bekanntlich Jahre dauern oder beginnen erst nach mehreren Jahren. Denken Sie an die Mordverfahren, bei denen die Täter manchmal erst nach mehreren Jahren gefasst werden.

Für Herbert S. sprach, dass er weder dem Gericht noch der Staatsanwaltschaft gegenüber etwas Falsches über die Tathergänge in dieser Nacht berichtet hatte.

Merke: Wer sich nicht erinnert, muss nicht unbedingt ins Gefängnis.

3. Lügen ist erlaubt

Fast jeder kennt diese Belehrung:

»Sie sind verpflichtet, als Zeuge die Wahrheit zu sagen. Sollten Sie die Unwahrheit sagen, so müssen Sie mit einer Bestrafung rechnen. Im Zweifel kann dies eine Freiheitsstrafe bis zu 6 Monaten sein.«

Dies ist die Pflicht eines Zeugen, aber wie steht es mit dem Angeklagten? Muss der die Wahrheit sagen?

Nein, der Angeklagte darf lügen. Das bedeutet, dass Sie in einem Gerichtsverfahren, in dem Sie als Angeklagter sitzen, zu keinem Zeitpunkt die Wahrheit sagen müssen. Sie können das »Blaue« vom Himmel herunterlügen.

Im Straßenverkehr gilt das Gleiche. Wenn die Polizei Sie anhält und Sie fragt, ob Sie Alkohol getrunken haben, dürfen Sie dies verneinen. Sie dürfen auch lügen, wenn Sie gefragt werden, ob Sie angeschnallt waren oder ob Sie telefoniert haben. Der Gesetzgeber erkennt dies als ein Recht des Angeklagten an.

Aber: Lügen will gelernt sein, nicht umsonst gibt es das Sprichwort: *»Lügen haben kurze Beine.«* – Denn ob kurz oder lang, meist kommt die Wahrheit ans Licht.

Merke: Als Angeklagter oder Beschuldigter dürfen Sie lügen.

4. Ungeschmückt vor Gericht

Der junge Mann, der vor mir saß, war wegen gefährlicher Körperverletzung angeklagt. Er schilderte mir einen Angriff, dem er sich zur Wehr gesetzt und deshalb in Notwehr gehandelt hätte. So wie mein Mandant mir den Fall schilderte, glaubte ich ihm. Auch machte er ansonsten einen sehr friedfertigen Eindruck, obwohl sein äußeres Erscheinungsbild dagegensprach. Er war mit Springerstiefeln und einem T-Shirt mit der Aufschrift »Fuck the Army« bekleidet. Am kleinen Finger und am Ringfinger der linken Hand trug er zwei, an der rechten Hand drei sehr auffällige Silberringe. Er trug Ohrringe, einen Nasenring und hatte ein Piercing im Mund. Auch die linke Augenbraue zierte ein Stück Silber. Ich sagte ihm, dass ich von ihm erwarte, dass er für die Gerichtsverhandlung auf sämtlichen Schmuck und die Springerstiefel verzichtet. Das tat er dann auch.

Nur zwischen drei und fünf Prozent aller Verfahren vor deutschen Strafgerichten enden mit einem Freispruch. Das Verfahren gegen meinen Schmuckliebhaber war eines davon. Ob das Ergebnis auch so ausgefallen wäre, wenn er bei der Verhandlung seinen Schmuck getragen hätte, ist nicht mit Sicherheit zu bejahen. Die Grundlage eines jeden Urteils ist die Überzeugung eines Richters. Eine solche Überzeugung ist immer subjektiv. Und wer sagt nicht, dass ein paar Silberringe eine negative Auswirkung auf diese subjektive Wahrnehmung eines Richters haben können?

Merke: Kleider machen Leute (auch vor Gericht) – immer noch.

5. Der ausgerastete Jugendliche

Tim W. war eines Abends vor einer Diskothek provoziert worden. Er hatte schon ein wenig getrunken und dann einfach die Beherrschung verloren. Bislang war ihm so etwas noch nicht passiert. Er hatte einfach zugeschlagen. Seine Faust hatte das Opfer dabei so unglücklich getroffen, dass dessen Nasenbein brach. Das Opfer stürzte zu Boden, Blut spritzte und die Umherstehenden schrien auf ihn ein. Die Polizei kam, auch der Krankenwagen. Von der Polizei wurde er abgeführt und vernommen. Jetzt hatte er die Anklageschrift vor sich liegen, die ihm eine schwere Körperverletzung vorwarf.

Er hatte Angst um seine Zukunft, stand vier Wochen vor dem Abitur und wollte demnächst sein Studium beginnen. Ich fragte ihn, was er denn nach der Tat alles unternommen hätte? Ob er bereits Kontakt mit dem Opfer aufgenommen, ein Schmerzensgeld bezahlt, oder ob er sich beim Opfer entschuldigt hätte? Tim W. erklärte zu meiner Überraschung, dass er bereits einen Entschuldigungsbrief geschrieben hätte. Der sei jedoch mit der Ablehnung der Entschuldigung vom Opfer zurückgekommen. Auch hätte er dem Opfer bereits ein Schmerzensgeld von 3.000,- € angeboten. Im Internet hätte er sich informiert und herausgefunden, dass 3.000,- € bei einem Nasenbeinbruch durchaus angemessen seien.

Richtig war die Einschätzung von Tim W., was die Höhe des Schmerzensgeldes anbelangte. Falsch war jedoch seine Auffassung, dass er es bei diesem einmaligen Versuch der Entschuldigung und der Schmerzensgeldzahlung auf sich beruhen lassen könnte.

Also setzten wir einen Brief an das Opfer mit einer erneuten Entschuldigung und dem Angebot der Schmerzensgeldzahlung in Höhe von 3.000,- € auf. Wir erhielten keine Antwort.

Am Tag des Prozesses verabredete ich mich eine halbe Stunde vor dem Termin mit meinem Mandanten, um nochmals zu versuchen, auf das Opfer zuzugehen. Ich sprach den jungen Mann an, der zunächst ablehnend reagierte, dann aber doch zu einem Gespräch mit meinem Mandanten bereit war. Als der Prozess begann, hatten sich beide die Hand gegeben.

Im Laufe der Zeugenvernehmung fragte ich das Opfer, ob es tatsächlich an einer Verurteilung meines Mandanten interessiert sei? Der junge Mann verneinte und erklärte, dass er das Verhalten meines Mandanten natürlich nicht in Ordnung fand. Allerdings habe sich dieser mittlerweile bei ihm entschuldigt und ihm ein angemessenes Schmerzensgeld angeboten. Für ihn sei die Geschichte damit eigentlich erledigt.

Nach dieser Aussage sahen weder Staatsanwalt noch das Gericht weiterhin eine Veranlassung, in diesem Verfahren ein Urteil fällen zu müssen. Da Tim W. nicht vorbestraft war und für ihn Jugendstrafrecht anwendbar war und weil er sich redlich um Entschuldigung und eine Schadenswiedergutmachung bemüht hatte, wurde unter der Auflage der Schmerzensgeldzahlung das Verfahren eingestellt.

Merke: Eine Entschuldigung hilft immer – auf jeden Fall einem selbst.

6. Die Schmerzensgeldtabelle

Hartmut B. war das Opfer einer Körperverletzung geworden. In einer Kneipe hatte ihn der Täter ohne Vorwarnung mit der Faust ins Gesicht geschlagen. Hartmut B. erlitt einen Jochbeinbruch, ihm wurde eine Metallplatte eingesetzt, und er sah seit diesem Zeitpunkt immer Doppelbilder. In einem Schmerzensgeldprozess wurden ihm 12.000,- € zugesprochen.

Damit Sie einen groben Anhaltspunkt haben, für welche Verletzung Sie wie viel Schmerzensgeld verlangen können, seien nachfolgend beispielhaft Schmerzensgeldbeträge zu den jeweiligen Verletzungen aufgeführt:

Schädelprellung durch Faustschlag	1.000,- €
Handgelenkfraktur	1.250,- €
Hundebisswunde Knie und Oberschenkel	2.000,- €
Leichte Gehirnerschütterung und Verlust von zwei Zähnen	2.000,- €
Fraktur der neunten Rippe und Pneumothorax	3.000,- €
Leichte Gehirnquetschung mit Verlust des Geruchssinns	5.500,- €
Verlust eines Hodens ohne Beeinträchtigung der Zeugungsfähigkeit	10.000,- €
Sexueller Missbrauch über zwei Jahre	12.000,- €
Amputation des rechten Mittelfingers	15.000,- €
Erblindung des rechtes Auge nach Körperverletzung	15.000,- €
Verlust von vier Fingern an linker Hand unter Todesangst	20.000,- €
Verlust der linken Ohrmuschel durch Abriss	20.000,- €
Amputation des linken Unterschenkels	30.000,- € – 40.000,- €
Verlust von Milz und Gallenblase, zahlreiche Frakturen	30.000,- €
Brutale Vergewaltigung	40.000,- €
Amputation des linken Oberschenkels nach ärztlichem Behandlungsfehler	47.500,- €
Risswunden an Vorhaut und Penis, beide Hoden von Hund abgebissen	50.000,- €
Verlust der Gebärmutter nach ärztlichem Behandlungsfehler	50.000,- €

Nahezu völlige Erblindung eines Kleinkindes durch Schütteltrauma	75.000,- €
Abriss des rechten Arms, des Schlüsselbeins und Schultereckgelenks sowie Ober- und Unterschenkelfraktur, zudem Kreuzbandriss im Knie	70.000,- € + 200,- € monatliche Rente
Querschnittslähmung unterhalb des siebten Brustwirbels nach Rückenmarksabriss	85.000,- €
Schwere Schädel- und Hirnverletzungen – Kläger wird nie mehr über das Niveau eines 10-Jährigen verfügen	150.000,- €
Querschnittslähmung nach Wirbelsäulen-OP – schwerer Pflegefall nach ärztlichem Behandlungsfehler	300.000,- €

7. Die Chance auf den Freispruch

Wissen Sie eigentlich, wie viele Strafrechtsverfahren in Deutschland mit einem Freispruch enden? Immer wieder werde ich mit dieser Frage konfrontiert. Auch werde ich immer wieder gefragt, wie es denn sein kann, dass es für ein und die gleich Tat unterschiedliche Strafmaße gibt. Tatsächlich liegt dies daran, dass Straftaten nie gleich sind, die persönliche Vorgeschichte des Täters ist immer eine andere und wenn auch die Tatausführung deckungsgleich ist, stellt dies eine absolute Ausnahme dar. Und dann kommt noch hinzu, dass jeder Richter einen anderen persönlichen Hintergrund hat, ein eigenes Gerechtigkeitsempfinden hat.

Aber zurück zu den Freisprüchen und sehen Sie selbst, die einzelnen Bundesländer weisen unterschiedliche Freispruchquoten auf. Gemäß der Tabelle unten scheint das Land Niedersachsen das »gnadenloseste

Bundesland« zu sein mit einer Freispruchquote von 0,5 % seit 2006, im Jahre 2011 sank die Quote sogar auf 0,4 %. Das Saarland und Nordrhein-Westfalen liefern einen Mittelwert von 3,2 % beziehungsweise 3,3 % im Jahre 2011. Weniger milde zeigt sich Bremen mit 1,8 %. Die mildesten Richter finden sich in den neuen Bundesländern Sachsen und Thüringen mit 4,1 % beziehungsweise 4,6 %. Der Spitzenreiter ist aber Hamburg mit einer 5 %-Freispruchquote im Jahr 2011.

Prozentuale Freisprüche der letzten Jahre in Deutschland

Thüringen	
2007	3,35 %
2008	3,51 %
2009	3,88 %
2010	4,60 %
Sachsen	
2007	3,7 %
2008	4,4 %
2009	4,9 %
2010	4,9 %
2011	4,1 %
Mecklenburg-Vorpommern	
2001	1,9 %
2004	2,8 %
2006	3,9 %
2007	3,6 %
2008	2,7 %
2010	2,7 %
2011	2,9 %

Bremen	
2007	1,3 %
2008	1,6 %
2009	1,8 %
2010	1,6 %
2011	1,8 %
Hamburg	
2002	3 %
2003	3 %
2004	3 %
2005	3 %
2006	3 %
2007	4 %
2008	4 %
2009	4 %
2010	4 %
2011	5 %
Saarland	
2005	3,0 %
2006	3,1 %
2007	2,5 %
2008	2,9 %
2009	2,7 %
2010	3,4 %
2011	3,2 %

Bayern	
2009	2,7 %
2010	2,6 %
2011	2,8 %
Nordrhein-Westfalen	
2000	3,1 %
2001	3,0 %
2005	2,9 %
2006	3,1 %
2010	3,3 %
2011	3,3 %
Niedersachsen	
2000	0,4 %
2001	0,5 %
2002	0,5 %
2003	0,6 %
2004	0,5 %
2005	0,6 %
2006	0,5 %
2007	0,5 %
2008	0,5 %
2009	0,5 %
2010	0,5 %
2011	0,4 %

Baden-Württemberg	
2010	2,3 %
2011	2,4 %

8. Geständnis ohne Urteil

Michael M. kam aus dem Libanon. Er war zum christlichen Glauben konvertiert und hatte deshalb einen christlichen Namen angenommen. Seiner Familie wurde im Libanon übel mitgespielt. Sein Vater war dort ermordet worden, und seinem Bruder hatte man mit einer Pistole die Nase weggeschossen. Michael M. war daraufhin den flüchtenden Tätern bis nach Deutschland gefolgt. Nach mehreren Jahren hatte er sie endlich ausfindig gemacht und sie in einen Hinterhalt gelockt. Er hatte vorgegeben, einen Gebrauchtwagen kaufen zu wollen und in einer dunklen Seitenstraße auf die Mörder seines Vaters gewartet. Er stand unter dem Schein einer Laterne, damit man ihn von der Ferne sehen konnte. Als der Pkw mit den Tätern vorfuhr, war er mit einem Kapuzenpulli getarnt auf die Straße getreten. Der Beifahrer ließ die Scheibe runter, Michael M. zog eine Pistole, hielt sie in den Wagen hinein und zielte genau. So genau, dass er dem Täter, der seinen Vater ermordet und seinem Bruder die Nase weggeschossen hatte, ebenfalls die Nase weggeschossen hätte. Doch das Opfer drehte während des Schusses den Kopf, die Kugel schlug im Auge ein und trat an der Hinterseite des Schädels wieder heraus. – Es war unglaublich, dass das Opfer überlebte.

Es gab ein Verfahren wegen versuchten Totschlages. Dabei war Michael M. allerdings nur verdächtigt worden, die Tatwaffe besorgt zu haben. Der Angeklagte war sein Bruder, der aber freigesprochen wurde, weil man ihm die Tat nicht nachweisen konnte.

Nun saß Michael M. vor mir und erklärte, dass er die Tat vor einer Woche bei der Polizei gestanden hätte. Er bat mich, seine Verteidigung zu übernehmen. Ich ließ mir die Akten kommen und erkannte gleich, dass die von ihm geschilderte Tat zum Akteninhalt passte. Ich rief daraufhin den ermittelnden Staatsanwalt an und fragte, wie er vorzugehen gedenke: Ob er das Verfahren zur Anklage bringen wolle oder nicht. Der Staatsanwalt erbat sich Bedenkzeit.

Drei Wochen später erreichte mich eine Einstellungsnachricht. Die Einstellung eines Verfahrens wegen versuchten Mordes oder Totschlags erlebt man als Strafverteidiger nicht allzu häufig. Der Staatsanwalt war jedoch der Auffassung, dass die Tat weder dem Bruder von Michael M. noch einem anderen Täter, sprich meinem Mandanten, nachzuweisen war. Das war im ersten Verfahren, als gegen den Bruder von Michael M. ermittelt wurde, klar festgestellt worden. Warum sollte ein Geständnis meines Mandanten jetzt etwas daran ändern, denn dieses Geständnis könnte auch falsch sein. Da man also diese Tat keinem Täter nachweisen konnte und der Staatsanwalt nicht davon überzeugt war, dass das Geständnis meines Mandanten wahr war, wurde keine Anklage erhoben.

Merke: Deutsche Staatsanwälte sind nur dann gehalten, eine Anklage zu erheben, wenn sie von der Täterschaft des Angeklagten überzeugt sind. Und Gerichte müssen nur dann einen Täter verurteilen, wenn sie sich sicher sind, dass er der Täter ist. Haben sie Zweifel, wird der Angeklagte freigesprochen oder aber die Anklage wird gar nicht erst erhoben.

9. Parkgebühr gespart

Marco R. empfand die erhöhten Parkgebühren in den Innenstädten als riesige Abzockerei. Er war nicht bereit, sich weiter ausnehmen zu lassen, und entschied, keine Parkgebühren mehr zu bezahlen. Aber er wollte natürlich auch keine »Knöllchen« bekommen, denn das würde auf Dauer teuer werden. Er entschied sich deshalb, die Parkgebühren nach »außen« weiterhin zu bezahlen.

Und so hatte er tatsächlich immer ein Parkticket vorne im Wagen liegen. Nur hatte er dieses Parkticket nicht am Parkautomaten gezogen und bezahlt, sondern selbst am hauseigenen PC angefertigt und ausgedruckt. – Das war nicht allzu schwierig, vor allem weil er einigermaßen versiert mit PC und Drucker umgehen konnte.

Aber Merke: Falls Sie denken, das wäre eine ausgezeichnete Idee: Gemeinde und Gerichte verstehen da keinen Spaß, das ist Urkundenfälschung! Und die wird bestimmt nicht unter 30 Tagessätzen bestraft.

10. Das Blaulicht

Ich war doch einigermaßen erstaunt, als ich mir die Geschichte von Maik R. anhörte. Bei einer routinemäßigen Kontrolle hatte die Polizei in seinem Wagen ein Blaulicht gefunden, das man mit einem Magneten auf dem Autodach befestigen konnte und dessen Stromversorgung über den Zigarettenanzünder erfolgte. Natürlich hatte Maik R. der Polizei gegenüber geäußert, dass er das Blaulicht noch nie benutzt hätte. Die Polizei glaubte ihm aber nicht und begann mit ihren Ermittlungen. Sie veranlasste einen Aufruf an die Bevölkerung im Umkreis von 50 Kilometern, auffällige Zivilfahrzeuge zu melden, die sich in den vergangenen 6 Monaten ihren Weg mit Signalhorn und Blaulicht freigebahnt hätten.

Maik R. hatte nur das Blaulicht, aber kein Signalhorn, und so hoffte er, dass sich niemand auf den Polizeiaufruf melden würde.

Mit dieser Hoffnung saß er nun vor mir und erzählte mir die Wahrheit – nachdem ich ihm versichert hatte, dass ich der Schweigepflicht unterliege. Immer dann, wenn die Fahrbahn verstopft gewesen war und es zeitlich so aussah, als würde er zu spät zur Arbeit kommen, hatte er das Blaulicht auf das Dach seines Autos gesetzt und sich damit die Bahn frei gemacht. Das hatte ihm diebische Freude gemacht.

Auf der anderen Seite hatte er nun große Angst davor, seinen Führerschein zu verlieren. Er hatte von Anfang an gewusst, dass das Ganze nicht lange gut gehen würde. Er zeigte sich reumütig, und es war klar, dass er sein Blaulicht das letzte Mal benutzt hatte, egal wie das Ermittlungsergebnis der Polizei ausfallen würde.

Tatsächlich meldete sich auf den Aufruf der Polizei kein einziger Zeuge, der eine Belästigung festgestellt hatte. Das Verfahren wurde eingestellt.

Maik R. habe ich nie mehr vertreten müssen.

Merke: Nur manchmal kommt man mit einem »blauen Auge« davon.

11. Das ist mal keine Beleidigung

Stellen Sie sich vor, die grüne Rennleitung hat Sie aus dem Verkehr gezogen. Sie stehen nun in einer Schlange und warten darauf, dass Sie von einem der Herren zur Kasse gebeten werden. Wut staut sich langsam in Ihnen auf, Ihr Adrenalinspiegel steigt, und bald haben Sie kein anderes Bedürfnis, als Ihr Gegenüber auf die Ihnen eigene Art mit Kraftausdrücken wissen zu lassen, was Sie von ihm halten.

Doch Vorsicht ist geboten: Die deutschen Gerichte fassen mit großer Wahrscheinlichkeit gerade diese Art und Weise der spontanen Meinungsäußerung als Beleidigung auf. Sie sollten es deshalb tunlichst unterlassen, Polizeibeamte als *Arschloch, Vollidiot* oder Ähnliches zu betiteln. Auch die allseits beliebten Ausdrücke wie *Herr Schnittlauch* (außen grün, innen hohl, treten meist gebündelt auf), *Greifer, Kalkmütze, Schmierlappen* und *Bulle* können durchaus als Beleidigungen angesehen werden.

Natürlich ist klar, dass Sie Ihrem Unmut irgendwie Luft machen müssen. Aber tun Sie es lieber auch nicht so wie Fußballspieler A., als er aufgrund einer Ordnungswidrigkeit von einem Polizeibeamten angehalten wurde und diesem seine Wertschätzung durch folgende Äußerung zuteilwerden ließ: »Was willst du überhaupt, ich hab so viel Geld, ich kauf dein Leben.«

Auch ist die Reaktion des italienischen Fußballspielers B. nicht anzuraten, der dem Polizeibeamten, der ihn fragte, warum er denn über 5.000,- Pfund in bar auf dem Beifahrersitz hätte, antwortete: »Weil ich reich bin!«

Zwar sind solche Äußerungen an sich keine Beleidigungen, dafür aber so respektlos, dass Sie mit einer harschen Reaktion der Polizeibeamten rechnen müssen, wenn Sie sie verwenden. Sollten Sie sich zudem wegen eines Verkehrsverstoßes zu verantworten haben, ist dieses Verhalten nicht gerade hilfreich, um eine möglichst geringe Strafe zu erhalten.

Deswegen hier nun beispielhaft einige Vokabeln, die es Ihnen ermöglichen, ohne strafrechtliche Folgen ein wenig Luft aus dem Kessel zu lassen: *Wegelagerer, Oberförster, Wachtmeister, Eure Hoheit, Sheriff, Officer* und *Marshall*.

Angeklagte, die diese Bezeichnungen verwendet haben, wurden von den Gerichten bereits freigesprochen.

Wenn Sie allerdings Polizeibeamte bezeichnen als:

Arschloch	kann Sie das	5.000,-- €
Dienstgeile Tussi		1.800,-- €
Raubritter		1.000,-- €
Asozialer		550,-- €
Idiot		450,-- €
Leck mich		300,-- € kosten.

Rechtlich kostenfrei bleibt allerdings der Ausruf »Sie können mich mal« – ebenso wie die Alternative »Wissen Sie, was Sie mich können?«

Auch mit Ihren Gesten sollten Sie sich im Fall des Falles zurückhalten: So kostet beispielsweise

die Zunge gegenüber Polizeibeamten rausstrecken   300,-- €

oder der ausgestreckte Mittelfinger   500,-- €.

Also: Trainieren Sie sich Begriffe und Gesten an, die Sie finanziell nicht in die Bredouille bringen.

12. Der Ladendiebstahl

Thorsten W. war einfach zu gierig geworden. Er war dabei erwischt worden, wie er eine sehr teure Bohrmaschine in der Verpackung eines Billigproduktes durch die Kasse bringen wollte. Nicht, dass er gar nichts hätte bezahlen wollen, aber natürlich nur den Preis für das Billigprodukt. Er hatte jedoch nicht damit gerechnet, dass die Kassiererin fachkundig war und genau wusste, welches Gerät in diese Verpackung hineingehörte.

Da er bereits einschlägig vorbestraft war und zwei weitere Ladendiebstähle zur Anklage standen, musste Thorsten W. vor dem Richter »die Hosen runterlassen«, um die Chance auf eine Bewährung zu bekommen. So berichtete er von folgenden Maschen bei seinen Ladendiebstählen:

> § Er erklärte dem Richter, dass er sich beim Diebstahl sehr oft mit billigen Gegenständen begnügt hätte: einfache Lebensmittel, Getränke oder aber ein Shampoo, Duschgel, eine Zahnbürste – alles Gegenstände, die ohne Diebstahlsicherung einfach einzupacken seien. Im Winter sei es besonders einfach gewesen. Die Mäntel waren dick und darin war eine ganze Menge Platz.
>
> § Schuhe hätte er schon seit Jahren keine mehr gekauft, er sei immer mit den alten Schuhen ins Geschäft gegangen und habe das Geschäft mit neuen Schuhen verlassen. Das Gleiche habe mit größeren Kleidungsstücken wie Hosen, Pullovern und Jacken funktioniert. Die Diebstahlsicherung hätte er immer mit einem eigens mitgeführten Magneten ausgeschaltet.
>
> § In größere Kaufhäuser hätte er oftmals einen Geschenkkarton mitgenommen. Was in diesen leeren Geschenkkarton alles hineinpasste, konnte man leicht nachvollziehen. Um ganz sicher zu gehen, hätte er bei Betreten des Ladengeschäftes immer eine Verkäuferin gefragt, ob er das Geschenk irgendwo deponieren solle. Und jedes Mal hätte er die Antwort erhalten, dass dies nicht nötig sei. Niemand hätte sich dann später gewundert, wenn er mit dem gleichen (vollen) Paket das Ladengeschäft wieder verlassen hatte.
>
> § Er erläuterte auch seinen Trick mit der Umverpackung. Meist würden die Verpackungen an der Kasse nicht mehr kontrolliert und geöffnet. Dies hatte sich Thorsten W. zum Vorteil gemacht.

Schon lange war im Pfefferminzteekarton kein Pfefferminztee mehr, sondern ein teureres Produkt; auch die günstigen Alkoholika hatte er gegen die teuren getauscht. Und besonders lohnend war es bei Elektroartikeln. In der Verpackung der günstigen Kopfhörer waren natürlich die teuren.

§ Auch konnte man die Hälfte der bezahlten Gegenstände nach dem Einkauf kurz im Pkw deponieren und mit der Einkaufstüte und dem Kassenbon zurück in den gleichen Laden gehen. Dann könne man der Verkäuferin zuwinken und ihr kurz sagen, dass man noch etwas vergessen hätte. Thorsten W. hatte dann zum Beispiel noch ein kleines Waschmittel eingekauft und auch bezahlt. Die schon im Auto deponierten bezahlten Gegenstände, die auf dem Kassenbon aufgeführt waren, den er mit der leeren Einkaufstüte wieder mit in den Laden gebracht hatte, hatte er natürlich noch einmal eingepackt.

§ Ähnlich funktionierte sein Trick mit einem gefundenen Kassenbon. Alles, was auf diesem fremden Kassenbon stand – man sollte natürlich darauf achten, dass der Kassenbon vom gleichen Tag (Achtung: Uhrzeit!) war –, wurde noch einmal in die Tasche gesteckt und durch den Laden geschleust. Die Tüte, für die Thorsten W. an der Kasse hätte bezahlen müssen, hatte er natürlich selber mitgebracht.

§ Gute Nerven hatte er für den Reklamationstrick gebraucht. An einem Tag kaufte er eine teure Bohrmaschine. Den Bon dafür nahm er am Tag danach mit in den Laden, hob die teure Bohrmaschine aus dem Regal, ging zum Servicemitarbeiter und erklärte, die Bohrmaschine sei defekt. Dieser hatte dann meist ohne große Anstalten eine Austauschbohrmaschine aus dem Regal geholt und Thorsten W. durch die Kasse begleitet.

§ Wenn man sehr aufmerksam sei und die Überwachungskameras kennen würde, so berichtete Thorsten W., könne man die Sachen auch einfach in einer Alukühltasche oder in einen mit Aluminium ausgekleideten Rucksack stecken. Allein mit dem Aluminium hätte er schon viele Diebstahlanlagen überlistet.

§ Zu guter Letzt erklärte Thorsten W. dem Richter noch, dass man nach dem Prinzip Pay1Take2 in die Tageszeitschrift, die man regulär bezahlte, vorab auch noch eine teure Fachzeitung stecken könnte.

Natürlich dauerte die Hauptverhandlung mehrere Stunden. Und natürlich erhielt Thorsten W. am Ende eine saftige Strafe. Aber es war eine Bewährungsstrafe. Die 250 Sozialstunden, die er abzuleisten hatte, nahm Thorsten W. gerne auf sich. Er hatte dem Richter versprochen, dass mit seiner Diebstahlkarriere endgültig Schluss war. Tatsächlich habe ich Thorsten W. ein paar Jahre später als offensichtlich seriösen Familienvater nur einmal zivilrechtlich beraten.

Merke: Es gibt Situationen, in denen nur noch die Lebensbeichte hilft.

13. Die Flucht aus Deutschland und die Auslieferung

Viele Mandanten fragen mich immer wieder, wohin Straftäter flüchten können, wenn sie sich strafbar gemacht haben und nicht in ein deutsches Gefängnis wollen.

Nachfolgend aufgrund des großen Interesses eine Auflistung der Länder, die nicht oder noch nicht nach Deutschland ausliefern. Ich gebe allerdings zu bedenken, dass man in Anbetracht der »Attraktivität« der Länder immer darüber nachdenken sollte, ob man in Deutschland nicht doch reinen Tisch machen will.

Diese Liste ist alphabetisch sortiert, sie ist nicht nach dem Attraktivitätsgrad der Staaten geordnet. Zusätzlich enthält sie Hinweise zu Besonderheiten.

Afghanistan, kein Auslieferungsverkehr (eventuell etwas zu rechtsfreier Raum und als Domizil vielleicht nicht gerade einladend)
China, noch kein Auslieferungsverkehr – Die Todesstrafe droht hier schon beim Diebstahl von Benzin.
Dschibuti, kein Auslieferungsverkehr
Guatemala, kein Auslieferungsverkehr
Irak, ist sicher, was die Auslieferung angeht ...
Iran, kein Auslieferungsverkehr, wobei die Attraktivität dieses Fluchtlandes sicherlich von jedem Einzelnen gesondert zu überprüfen ist. – Achtung: Hier ist als Todesstrafe noch die Steinigung möglich (wobei die Steine nicht so klein sein dürfen, dass sie nicht zum Tode führen, aber auch nicht so groß sein dürfen, dass ein einzelner sofort zum Tode führt); für kleinste Delikte droht manchmal schon die Auspeitschung. Die Todesstrafe droht auch Konvertiten (falls Sie glauben, Sie könnten vom Islam zum Christentum überwechseln).
Jordanien, kein Auslieferungsverkehr (wenn da aber mal bloß keiner draufkommt, dass Sie nirgendwo anders mehr hin können) – Das Auswärtige Amt empfiehlt, sich von größeren Menschenansammlungen fernzuhalten; auch ist bedenklich, dass der Bezirksgouverneur Sie auf unbestimmte Zeit in Haft nehmen kann, wenn Sie verdächtig sind, eine Gefahr für die Gesellschaft darzustellen (eine Begründung braucht er nicht).
Kambodscha, kein Auslieferungsverkehr – Wenn Sie die Königsfamilie beleidigen, können Sie dafür ins Gefängnis wandern.
Kasachstan, kein Auslieferungsverkehr
Kirgistan, kein Auslieferungsverkehr (aber dicke Jacke mitnehmen)
Kuba, kein Auslieferungsverkehr und sicherlich eines der attraktiveren Länder

Laos, keine Auslieferung – Hier droht die Todesstrafe schon beim Besitz von 500 g Heroin.
Liechtenstein, bei fiskalischen Vergehen kein Auslieferungsverkehr
Macao, kein Auslieferungsverkehr
Malaysia, kein Auslieferungsverkehr
Monaco, bei fiskalischen Vergehen kein Auslieferungsverkehr
Mongolei, kein Auslieferungsverkehr, aber was soll man hier wirklich mit seinem Geld anfangen? – Das Auswärtige Amt warnt vor einem Fußmarsch allein in der Dunkelheit, vor allem in Ulaanbaatar. Autofahrer seien darauf hingewiesen, dass 0 Promille gelten.
Myanmar, kein Auslieferungsverkehr – Bei geringem Drogenbesitz drohen mehrjährige Haftstrafen. Achtung auch beim Autofahren: Deutsche und internationale Führerscheine werden nicht anerkannt.
Nigeria, kein Auslieferungsverkehr – Hier ist die Homosexualität unter Männern strafbar, es drohen bis zu 14 Jahren Haft. (Bei Frauen ist Homosexualität legal.)
Nordkorea, kein Auslieferungsverkehr, für Demokraten aber sicherlich nicht als Wahlheimat zu empfehlen, hier ist es nicht so einfach mit der Meinungsfreiheit – Nach Berichten des *Focus* wartet auf Frauen der systematische sexuelle Missbrauch in den Gefängnissen und Umerziehungslagern.
Pakistan, kein Auslieferungsverkehr – Nasen- und Ohrenamputation bei einzelnen Straftaten möglich.
Saudi-Arabien – Nicht nur für Mord ist die Enthauptung mit dem Schwerte auf dem Marktplatz möglich.
Schweiz – ist bei Steuerstrafsachen sicher

Somalia, kein Auslieferungsverkehr – Homosexualität ist unter Strafe gestellt, dafür kann es bis zu drei Jahre Haft geben. Bei Diebstahl droht die Amputation mit einer Machete, auch die Auspeitschung ist als Strafe möglich.
Tadschikistan, kein Auslieferungsverkehr
Taiwan, derzeit noch kein Auslieferungsverkehr – Hier warnt das Auswärtige Amt vor Giftschlangen, besonders gefährlich ist die chinesische Kobra oder die taiwanesische Kobra. Hohes Schuhwerk ist im Land empfohlen!
Togo, derzeit kein Auslieferungsverkehr – Homosexualität ist unter Strafe gestellt, es drohen bis zu drei Jahre Haft.
Turkmenistan, kein Auslieferungsverkehr
Usbekistan, kein Auslieferungsverkehr

Aber Merke: Für jedes Land, in das Sie fliehen wollen, benötigen Sie eine Aufenthaltserlaubnis. Sollten Sie glauben, mit dem mitgeführten Geld eine Aufenthaltserlaubnis zum Beispiel »bei einer sowieso korrupten Behörde« erwerben zu können, laufen Sie Gefahr, auch in diesem Land in Haft zu kommen. Kümmern Sie sich also nicht nur darum, welches Land kein Auslieferungsabkommen mit Deutschland hat, sondern tragen Sie auch gleich dafür Sorge, wie und dass Sie eine Aufenthaltserlaubnis bekommen.

14. Die Rückkehr nach Deutschland

Sollten Sie den umgekehrten Weg gehen wollen und keine Lust mehr auf ein ausländisches Gefängnis haben, in dem Sie derzeit einsitzen – und sollten Sie versuchen wollen, nach Deutschland abgeschoben zu werden, weil dort die Haftbedingungen etwas angenehmer sind, so ist es eventuell möglich, dass Ihnen in Deutschland

Ihre im Ausland verbrachten Hafttage angerechnet werden. Denkbar ist sogar, dass Ihnen mehr Hafttage in Deutschland angerechnet werden, als Sie tatsächlich im Ausland verbracht haben. Dies deshalb, weil die Haftbedingungen im Ausland zum Teil unangenehmer sind als in Deutschland.

Nachfolgend eine Liste, wie viele Tage für eine ausländische Haft in Deutschland angerechnet werden. Zum Beispiel gilt 1 Tag in thailändischer Haft wie 2 Tage Haft in Deutschland (1:2).

Australien	(1:2)
Belgien	(1:1)
Brasilien	(1:2;1:2,5)
Dänemark	(1:1)
Dom. Republik	(1:3)
Ecuador	(1:2;1:3)
Estland	(1:1;1:2)
Frankreich	(1:1)
Griechenland	(1:1,5)
Großbritannien	(1:1)
Irland	(1:1)
Italien	(1:1)
Kamerun	(Einzelfallentscheidung)
Kenia	(Einzelfallentscheidung)
Kolumbien	(Einzelfallentscheidung)
Kroatien	(1:1)
Libanon	(Einzelfallentscheidung)
Luxemburg	(1:1)

Mazedonien	(1:3)
Marokko	(Einzelfallentscheidung)
Niederlande	(1:1)
Österreich	(1:1)
Paraguay	(Einzelfallentscheidung)
Polen	(1:1)
Portugal	(1:2)
Russland	(1:1,5)
Schottland	(1:1;1:2)
Schweden	(1:1)
Schweiz	(1:1)
Serbien	(1:1,5)
Slowakei	(1:2)
Spanien	(1:1–1:3)
Südafrikanische Union	(Einzelfallentscheidung)
Thailand	(1:2)
Tschechien	(1:1)
Türkei	(Einzelfallentscheidung)
Ungarn	(1:1)
USA	(1:1)
Weißrussland	(1:2)

(Quelle: § 51 Nr. 6 C StGB)

15. Die Förderung sexueller Handlungen

Sarah K. war völlig verzweifelt. Sie war alleinerziehende Mutter einer 14-jährigen Tochter. Das Mädchen hatte nun seit drei Monaten einen 15-jährigen Freund und brachte ihn an einem Samstagabend mit nach Hause. Der Junge war schon des Öfteren zu Besuch gewesen, allerdings fragten die Jugendlichen an diesem Abend zum ersten Mal, ob sie gemeinsam bei dem Mädchen übernachten dürften. Sarah K. stimmte zu.

Als Sarah K. am Montagmorgen von ihrer Nachbarin deswegen zur Rede gestellt wurde, fiel sie aus allen Wolken. Die Nachbarin erklärte ihr, dass sie sich strafbar gemacht hätte, da sie es zugelassen habe, dass die Jugendlichen gemeinsam übernachten. Dies sei »Unterstützung sexuellen Missbrauchs«. Die Nachbarin drohte, diese Angelegenheit dem Jugendamt mitzuteilen.

Sarah K. hatte nun große Angst davor, ihr Sorgerecht zu verlieren. Ich konnte sie allerdings beruhigen. Natürlich hatte sie sich nicht wegen Förderung eines sexuellen Missbrauchs strafbar gemacht. Sie hatte sich auch nicht wegen Förderung sexueller Handlungen mit dem Gesetz in Konflikt gebracht. Zwar sieht das Gesetz eine Bestrafung derer vor, die es fördern, dass Jugendliche unter 16 Jahren sexuelle Handlungen aneinander vornehmen, allerdings ist diese Vorschrift geschaffen für Trainer aus Sportvereinen, Lehrer und andere Personen, denen Jugendliche zu Erziehungszwecken anvertraut sind. Hiervon ausgenommen sind allerdings die Eltern und erziehungsberechtigten Personen. Und das ist auch gut so.

Sarah K. hat völlig richtig gehandelt, denn es ist sicherlich besser, den Jugendlichen ein Zuhause zu bieten, als sie auf die Parkbank zu schicken.

16. Der nicht begangene Mord

Der Anwalt muss einen raushauen. Er muss mit möglichst allen Wassern gewaschen sein, um seinen straffällig gewordenen Mandanten vor einer Gefängnisstrafe zu bewahren. Das ist es, was man von Strafverteidigern erwartet. Das ist aber auch das, was man ihnen vorwirft. Dabei wird jedoch verkannt, dass die Aufgabe des Anwaltes vielmehr darin besteht, die Tat seines Mandanten in das für ihn günstigste Licht zu rücken.

So war es meine Aufgabe bei Martin G. Ihm war vorgeworfen worden, einen Mord begangen zu haben. Und tatsächlich hatte Martin G. nach einer ausufernden Zecherei mit mehreren Kumpanen einen Menschen mit einem Messer getötet. Vorangegangen war, dass Martin G. von dem späteren Opfer eine Flasche über den Kopf geschlagen wurde. Nachdem er sich wieder einigermaßen berappelt hatte, war er aus dem Zimmer gestolpert und holte aus seiner auf dem gleichen Stockwerk liegenden Wohnung ein langes Messer. Das Opfer ahnte wohl schon weiteren Ärger und kam meinem Mandanten auf dem Flur entgegen. Er begann, Martin G. zu beschimpfen und zu beleidigen. Martin G. geriet in Rage und stach dem Opfer 5 Zentimeter unterhalb der Schulter in die linke Brustseite. Das Opfer verstarb an inneren Blutungen, da die Aorta durch den Messerstich so verletzt wurde, dass eine Rettung nicht mehr möglich war.

In diesem Fall gelang es mir, das Gericht davon zu überzeugen, dass Martin G. weder einen Mord noch einen Totschlag begangen hatte. Entscheidend war, dass Martin G. das Opfer zwar verletzen, aber nicht töten wollte. Ausschlaggebend war der Hinweis auf die Art und Weise der Stichverletzung und vor allen Dingen deren Position. Martin G. hätte dem Opfer das Messer sicherlich auch in den Bauch oder mitten in die Brust stechen können. Er entschied sich jedoch, das Messer in den Körper kurz unterhalb der linken Schulter zu stechen. Das Gericht ließ sich in diesem Falle davon überzeugen, dass es sich um eine Körperverletzung mit Todesfolge handelte. Das Ergebnis war eine fünfjährige Freiheitsstrafe. Der Staatsanwalt hatte 12 Jahre wegen Totschlags gefordert.

Merke: Oftmals ist man besser beraten, keinen Freispruch zu fordern.

17. Die kostenlose Strafanzeige

Stefan S. hat sich maßlos über die jungen Burschen geärgert, die ihn als »Vollidiot« und »Depp« auf offener Straße bezeichnet und beleidigt hatten. Er suchte mich auf, weil er nun Strafanzeige gegen sie erstatten wollte. Stefan S. war kein vermögender Mann.

Ich verriet ihm Folgendes: Ein Strafverteidiger kann für das Aufsetzen einer Strafanzeige eine Gebühr in Höhe von rund 200,- € verlangen. Dieses Geld kann sich derjenige, der eine Strafanzeige erstatten will, allerdings sparen. Jede Polizeidienststelle ist verpflichtet, eine Strafanzeige aufzunehmen. Sie können sich also vor den Polizeibeamten setzen und ihm Ihre Strafanzeige in den Computer diktieren. Die Erstattung einer solchen Strafanzeige kostet Sie nichts.

Merke: Wollen Sie eine Strafanzeige erstatten, ist es finanziell für Sie günstiger, selbst zur Polizei zu gehen.

18. Gerechtes Strafmaß

Hanna F. und Brigitte K. beschwerten sich über ihr Urteil. Beide waren wegen Betrugs verurteilt worden. Hanna F. hatte einen Schaden in Höhe von 40.000,- € verursacht, sie verdiente monatlich 4.000,- € netto. Brigitte K. hatte einen Schaden in Höhe von 10.000,- € verursacht, sie verdiente monatlich 2.100,- € netto. Das Urteil gegen Hanna F. war eine Freiheitsstrafe von einem Jahr, Brigitte K. war zu einer Strafe in Höhe von 90 Tagessätzen á 120,- € verurteilt worden. Beide fühlten sich ungerecht behandelt und wollten in die Berufung gehen.

Grundsätzlich gibt es keine festen Regeln, welcher Straftäter für welche Tat welches Urteil zu erhalten hat. Es kommt, wie die Juristen immer so schön sagen, auf den Einzelfall an. Zu berücksichtigen ist dabei, wer die Tat begangen hat, wie sein soziales Umfeld war, welche kriminelle Energie er entwickelt hat und so weiter. Aber es gibt Anhaltspunkte, an denen sich Urteile zu orientieren haben. Die Schere darf also nicht zu weit auseinandergehen.

Als grobe Faustregel kann von Folgendem ausgegangen werden:

Ist ein Schaden in Höhe von 20.000,- € verursacht worden, so steht dem eine zu erwartende Strafe von 6 Monaten gegenüber. Bei 40.000,- € ist es dann ein Jahr Freiheitsstrafe. Strafen bis zu 2 Jahren können zur Bewährung ausgesetzt werden.

Bei der Geldstrafe ist es so, dass zum Beispiel 90 Tagessätze 3 Monaten Freiheitsstrafe entsprechen, wobei ein Tagessatz circa 1/30 des monatlichen Nettoeinkommens des Täters entspricht.

Bei Hanna F. konnte man also davon ausgehen, dass sich ihr Urteil im Rahmen bewegte. 40.000,- € Schaden entsprechen ungefähr der Freiheitsstrafe von einem Jahr.

Hingegen war das Urteil gegen Brigitte K. zu hart ausgefallen. Bei ihrem Nettoeinkommen von monatlich 2.100,- € wären 70,- € Tagessatz angemessen gewesen. Die ausgesprochene Tagessatzhöhe von 120,- € war zu hoch und wurde in der Berufungsinstanz aufgehoben.

19. Falsche Verdächtigung und die Kosten

Sarah P. war unschuldig. Die Staatsanwaltschaft hatte das Verfahren gegen sie eingestellt, für ihre Verteidigung im Ermittlungsverfahren hatte sie circa 400,- € bezahlt.

Ihr Nachbar hatte sie zum wiederholten Male angezeigt, und nun war sie es leid, jedes Mal die Anwaltskosten dafür tragen zu müssen. Sie wollte die Kosten für ihre Rechtsverteidigung gegen den Anzeigenerstatter einklagen, das heißt, sie wollte den Nachbarn zwingen, ihre Anwaltskosten zu bezahlen. Bislang waren ihre diesbezüglichen Versuche – sie war bereits zehnmal unberechtigt von diesem Nachbarn angezeigt worden – fehlgeschlagen.

Grundsätzlich ist es so, dass man die Kosten für die eigene Strafverteidigung nicht gegen den Anzeigenerstatter geltend machen kann. Dies geht nur dann, wenn die Anzeigenerstattung rechtsmissbräuchlich und im Bewusstsein geschehen ist, dass man die Anzeige unrechtmäßigerweise erstattet. Das ist zum Beispiel dann der Fall, wenn die Anzeige erfolgt, nur um den anderen zu ärgern oder in Bedrängnis zu bringen.

Genau das konnten wir dem Nachbarn nachweisen. Er hatte Sarah P. angezeigt, weil sie sich angeblich unerlaubt von einer Unfallstelle entfernt hatte. Zum Glück für Sarah P. konnte ein anderer Nachbar bezeugen, dass der Unfallschaden bereits vorher bestanden hatte und der Nachbar dies auch sehr genau wusste.

Merke: Wer anderen eine Grube gräbt, ...

20. Gesetzeslücke 1 – Die Todesstrafe

Immer dann, wenn ein furchtbares Verbrechen in Deutschland geschehen ist, rufen viele nach der Todesstrafe. Die Tatsache, dass wir keine Todesstrafe im deutschen Rechtssystem verankert haben, empfinden viele als Gesetzeslücke. Nicht nur als Strafverteidiger sehe ich dies anders: Was wäre, wenn wir ein einziges Mal einen Unschuldigen zum Tode verurteilten und ihn oder sie im Namen des Volkes töten würden?

In den USA haben von 50 Bundesstaaten 36 die Todesstrafe, die wie folgt ausgeführt wird:

Alabama	Tödliche Injektion, Elektrischer Stuhl
Arizona	Tödliche Injektion, Gaskammer
Arkansas	Tödliche Injektion, Elektrischer Stuhl
California	Tödliche Injektion, Gaskammer
Colorado	Tödliche Injektion
Connecticut	Tödliche Injektion
Delaware	Tödliche Injektion
Florida	Tödliche Injektion, Elektrischer Stuhl
Georgia	Tödliche Injektion, Elektrischer Stuhl
Idaho	Tödliche Injektion, Hängen
Illinois	Tödliche Injektion, Elektrischer Stuhl
Indiana	Tödliche Injektion
Kansas	Tödliche Injektion
Kentucky	Tödliche Injektion, Elektrischer Stuhl
Louisiana	Tödliche Injektion

Maryland	Tödliche Injektion, Gaskammer
Mississippi	Tödliche Injektion
Missouri	Tödliche Injektion, Gaskammer
Montana	Tödliche Injektion
Nebraska	Elektrischer Stuhl
Nevada	Tödliche Injektion
New Hampshire	Tödliche Injektion, Hängen
New York	Tödliche Injektion
North Carolina	Tödliche Injektion
Ohio	Tödliche Injektion
Oklahoma	Tödliche Injektion, Elektrischer Stuhl
Oregon	Tödliche Injektion
Pennsylvania	Tödliche Injektion
South Carolina	Tödliche Injektion, Elektrischer Stuhl
South Dakota	Tödliche Injektion
Tennessee	Tödliche Injektion, Elektrischer Stuhl
Texas	Tödliche Injektion
Utah	Tödliche Injektion, Hängen
Virginia	Tödliche Injektion, Elektrischer Stuhl
Washington	Tödliche Injektion, Hängen
Wyoming	Tödliche Injektion, Gaskammer

Und bringt die Todesstrafe die gewünschte Abschreckung?

Sieht man sich einmal Statistiken von zwei Bundesstaaten in den USA an, in denen es die Todesstrafe gibt, so sind im Jahre 2006 in Alabama 349 Menschen ermordet worden, in California 2.485. Betrachtet man dies allerdings in Relation zur Einwohnerzahl, ist die

Häufigkeit der Morde auf 100.000 Menschen gerechnet in Alabama mit 7,5, in California mit 6,8 festzustellen.

Betrachtet man nun im Vergleich zwei Staaten, in denen es keine Todesstrafe gibt, nämlich die Bundesstaaten Hawaii und Iowa, so findet man auf 100.000 Einwohner hochgerechnet in Iowa 1,8 Morde und auf Hawaii 1,6. (Mehr hierzu unter FBI Crime Report 2006)

Merke: Die Mordrate in den Bundesstaaten ohne Todesstrafe ist um einiges geringer als in den meisten mit Todesstrafe. – So viel zur Abschreckung.

Für Interessierte: www.initiative-gegen-die-todesstrafe.de

21. Gesetzeslücke 2 – Legalisierung der Schusswaffen-Gesetze

Bekanntlich sind die Schusswaffen-Gesetze in den USA sehr liberal. Für Deutsche sind sie kaum vorstellbar. Doch wünschen sich viele Menschen hierzulande, die strengen Waffengesetze in Deutschland zu liberalisieren.

Betrachtet man die Waffen, die für Morde in den USA in den Jahren 1991 bis 2005 benutzt wurden, so lässt sich feststellen, dass in den USA wesentlich mehr Morde mit der Schusswaffe begangen worden sind als in Deutschland.

Waffenarten bei Mord (USA, 1991–2005)

Jahr	1991	1995	2001	2005
alle Morde	21676	20043	14061	14860
Schusswaffe	14373	13673	8890	10100
Messer	3430	2538	1831	1914
waffenlos	1202	1182	961	892
Ersticken	440	367	269	216
stumpfe Waffe	1099	904	680	597
Gift/Droge	34	34	49	53
Feuer/Sprengstoff	211	456	113	125
Sonstige	887	889	1268	963

Bei den mit einer Schusswaffe verursachten Morden lässt sich in den USA eine Quote von 66 % im Jahre 1991 und von 68 % im Jahre 2005 feststellen. Diese Prozentzahlen sprechen eine deutliche Sprache.

Mehr hierzu unter FBI Uniform Crime Reports seit 1992.

Von den in Deutschland im Jahre 2006 begangenen 818 Morden wurden 12 % durch Schusswaffengebrauch verursacht.

Gewaltkriminalität mit Schusswaffenmissbrauch (Deutschland, 2006)			
Straftat	alle	gedroht (%)	geschossen (%)
Straftaten (gesamt)	6.203.074	0,2	0,07
Gewaltkriminalität (gesamt)	215.471	2,2	0,8
gefährliche/schwere Körperverletzung	150.874	0,2	0,9

Gewaltkriminalität mit Schusswaffenmissbrauch (Deutschland, 2006)			
Mord	818	0,4	12,0
Körperverletzung m. Todesfolge	171	0,6	0,0
Vergewaltigung, Sex. Nötigung	8.118	0,8	0,0
Totschlag, Tötung auf Verlangen	1.650	1,0	5,8
Raubdelikte	53.696	7,9	0,4
Geiselnahme	531	1,3	1,9
erpresserischer Menschenraub	903	0,0	0,0

(Mehr hierzu im 2. Periodischen Sicherheitsbericht des BMI)

Übrigens: In anderen Ländern sind andere Mordwerkzeuge wesentlich beliebter. So in Russland die Axt. – Andere Länder, andere Sitten.

Manches lässt sich aber auch erklären: So war die Axt früher auch in Deutschland das häufigste Mordwerkzeug. Allerdings zu einer Zeit, als es noch keine Zentralheizung gab.

Aber zurück zum Ausland: Auch auf Reisen ist man nicht sicher. *»Wenn jemand eine Reise tut, dann kann er was erzählen.«* So hat es schon der alte Dichter Matthias Claudius gesagt. Aber man möchte natürlich Positives erzählen, und deshalb informiert man sich vorher schon, wie gefährlich zum Beispiel ein Reiseland sein kann.

Betrachtet man die gleich erwähnten Zahlen zu einzelnen Ländern in Lateinamerika, dann sind Reisen nach Kolumbien oder Brasilien nicht zu empfehlen. Auch Südafrika oder die USA machen einem nicht gerade Hoffnung auf einen schusswaffenfreien Aufenthalt:

Allein in Kolumbien werden jährlich über 21.800 Menschen erschossen, in Brasilien sind es 25.600. Hochgerechnet sind dies 49,54 von 100.000 Menschen in Kolumbien, 14,35 in Brasilien und 30,17 in Südafrika. Aber auch in Venezuela hat man keine Garantie auf einen stressfreien Aufenthalt: 21,04 Personen von 100.000 Einwohnern werden jährlich von einer Schusswaffe getroffen. Eine Großzahl der Opfer wird übrigens völlig unbeabsichtigt getroffen, sie werden durch Querschläger getötet.

Unabhängig von Schussverletzungen warnt die Bundesrepublik Deutschland seit Jahren vor Reisen in folgende Länder:

§ Afghanistan

§ Algerien

§ Demokratische Republik Kongo

§ Eritrea

§ Georgien

§ Haiti

§ Irak

§ Jemen

§ Libanon

§ Libyen

§ Mali

§ Pakistan

§ Palästinensische Gebiete

§ Mauretanien

§ Niger

§ Nigeria

§ Somalia

§ Syrien

Kapitel 4
Zivilrecht

1. Und Sie haften nicht

Ein Fall aus der Kanzlei: Ein Vater saß vor mir, völlig verzweifelt. Seit zwei Jahren lebte er nun alleine mit seinen zwei Söhnen, vorangegangen war eine Scheidung, die es in sich hatte. Die Ehefrau war für ihn völlig überraschend aus der gemeinsamen Wohnung aus- und in die Nachbarschaft bei einem acht Jahre jüngeren Mann eingezogen. Siebzehn Jahre Ehe waren dahin, geblieben war ihr Vorwurf, dass er ihr keine Wertschätzung mehr entgegenbringen würde. Doch damit nicht genug: Nun war auch noch vor zwölf Wochen sein Haus abgebrannt.

Die Brandursache hatte die Polizei nicht feststellen können, das Verfahren war mittlerweile eingestellt worden, aber jetzt wollte die Versicherung Geld von ihm. Er legte mir das Schreiben der Versicherung vor, das allerdings an seinen minderjährigen Sohn gerichtet war. Ich erklärte ihm erst einmal, dass ihn das nicht tangieren müsse, weil die Forderung ja nicht ihn treffe, sondern sein Kind. Er schüttelte verzweifelt den Kopf und stöhnte, dass dies doch dasselbe sei, er hafte doch für seinen Sohn.

Dass er hier einem Irrtum aufsaß, machte ich ihm dann doch recht schnell klar. Eltern haften nämlich nicht für ihre Kinder, jeder ist für sein eigenes Handeln verantwortlich. Und die Schilder, auf denen etwas anderes steht, sind grundsätzlich falsch und können keine Haftung begründen. Eltern haften für ihre Kinder nur dann, wenn sie ihrer Aufsichtspflicht nicht nachkommen. Wenn also ein 12-Jähriger nach der Schule einen Abstecher auf eine Baustelle macht und dort einen Schaden anrichtet, haften die Eltern nicht, wenn sie ihr Kind einmal darauf hingewiesen haben, dass das Betreten von Baustellen untersagt ist. Denn man kann von den Eltern nicht verlangen, dass sie ihren 12-Jährigen auf Schritt und Tritt beobachten.

Schnell hatte ich das Schreiben an die Versicherung diktiert. Ich legitimierte mich erst einmal für den Jungen, natürlich mit Vollmacht des Vaters, und erklärte zum einen, dass der Junge keinerlei Zahlungen leisten würde, und verwies zum anderen auf das Ergebnis der staatsanwaltschaftlichen Ermittlungsakte, in der stand, dass eine tatsächliche Brandursache nicht herausgefunden worden war.

Das war nun kein großes Hexenwerk für einen Anwalt, aber ein einfaches Schreiben, das die tagelangen, wenn nicht sogar wochenlangen Sorgen eines Mannes um die eigene Existenz und um die Existenz seines Sohnes in Wohlgefallen auflöste.

Merke: Sie haften nicht in jedem Fall für Ihren Sprössling!

2. Hund ist nicht gleich Hund

In der Klageschrift, die vor mir lag, war ein Szenario geschildert, das man fallspezifisch meist mit einem Briefträger verbindet. Diesmal war es jedoch ein einfacher Fußgänger, der eines schönen Tages an einem Vorgarten entlangschlenderte. Doch er hatte an diesem Tag Pech, weil sich ein Hund im Vorgarten langweilte und auf Abwechslung wartete. – Die Klageschrift beschrieb dieses Tier als knurrendes, zähnefletschendes Monster. – Der Fußgänger entschied sich, den Blick nicht auf dieses Ungetüm zu richten, nicht auf diese Bestie, denn er hatte irgendwo gehört, dass der Blickkontakt zwischen Hund und Opfer unbedingt zu vermeiden sei. Doch es half ihm nichts. Das Monster kam drohend näher, der Fußgänger beschleunigte seinen Schritt, bis er anfing zu laufen, was dann natürlich bei der Bestie das entscheidende Signal auslöste. Was dann passierte, war wie folgt in der Klageschrift beschrieben:

»Als der Kläger dann weglaufen wollte, sprintete die Bestie auf ihn zu und fiel über ihn her. Nachdem der Kläger zu Fall gekommen war, ließ das wütende Tier nicht mehr von ihm ab.«

Noch heute habe er Angst, sagte der Kläger vor Gericht, er würde nachts wach werden und an einem fremden Grundstück ohne Umzäunung wolle er nie mehr vorbeilaufen. Nur mit größtem Glück sei er vor größeren, körperlichen Schäden bewahrt geblieben. Der Sachschaden an Hemd und Hose sei das kleinste Übel, er rechne mit monatelangen, wenn nicht sogar jahrelangen psychologischen Heilbehandlungskosten. Und die wolle er vom Besitzer der Bestie erstattet bekommen.

Im Gerichtsverfahren musste sich der Richter beherrschen. Aber nicht, weil er von der Tat der Bestie so erschüttert war, sondern weil er erfuhr, dass das geschilderte Monster ein Dackel war. Tatsächlich hatte dieser *Kampfdackel* das Opfer verfolgt, er hatte ihm in die Hose gebissen und ihn dadurch zu Fall gebracht. Neben der Hose war auch das Hemd beschädigt worden.

Der Besitzer des Hundes, mein Mandant, erkannte selbstverständlich den Schadensersatz für Hemd und Hose an und legte noch zweihundert Euro Schmerzensgeld für den Schrecken oben drauf. Aber das war es dann auch, denn sein Dackel war mitnichten dieses beschriebene Monster. Den vom Kläger begehrten Schadensersatz für psychologische Heilbehandlungskosten und alles Weitere wies das Gericht zurück.

Merke: Übertreibungen führen nicht unbedingt zum Ziel!

In einem vergleichbaren Fall, der vom Oberlandesgericht Saarbrücken entschieden wurde, gebärdete sich allerdings ein Dackel als Monster. Er brachte dem Opfer, das einen akuten Diabetes-mellitus-Anfall hatte und hilflos am Boden lag, nicht nur Risswunden an Penis und Vorhaut bei, er biss dem Opfer auch beide Hoden ab. Dafür gab es dann auch rund 50.000 € Schadensersatz und Schmerzensgeld von der Tierhalterversicherung.

3. Der Zechpreller

Ulli M. berichtete mir, dass er und Alex B. die einzigen Spieler waren, die mit der gegnerischen Eishockeymannschaft gefeiert hätten. Jeff T., der gegnerische Mittelstürmer, hatte Geburtstag gehabt und zur Feier des Tages die gesamte Mannschaft sowie Ulli M. und Alex B. eingeladen. Er hatte Ulli M. gebeten, dafür eine Kneipe zu organisieren. Sie hatten es richtig krachen lassen und bis zum Umfallen gefeiert. Gegen drei Uhr war Ulli M. plötzlich der Einzige, der mit Alex B. noch im Lokal saß und das letzte Bier trank. Völlig überrascht waren sie dann, als der Wirt ihnen die Rechnung präsentierte. Obwohl sie nicht mehr ganz nüchtern waren – immerhin hatte jeder von ihnen zehn Bier getrunken – waren sie noch so helle, dass sie erkannten, dass sich die Höhe der Rechnung auf 1.800,- € belief. Ulli M. zahlte.

Nun – völlig ernüchtert – saßen Ulli M. und sein Freund Alex B. vor mir und fragten mich, ob sie die Rechnung überhaupt hätten bezahlen müssen? Die beiden fanden das ungerecht, da sie ja damals nur deshalb zahlen sollten, weil sie die Einzigen waren, die der Wirt gekannt hatte. Sie erklärten mir, dass die gegnerische Mannschaft aus dem Ausland gewesen sei und der Wirt sicherlich nicht oder nur mit großem Kostenaufwand an sie herankäme. Ulli M. hatte auch moralische Bedenken, das Geld vom Wirt zurückzuverlangen.

Juristisch ist es jedoch so, dass Ulli M. rechtlich nicht verpflichtet war zu zahlen. Es zahlt nämlich nicht der Letzte, sondern immer der, der die Zeche verursacht hat. Mein Mandant war lediglich dazu verpflichtet, die Anzahl Biere zu bezahlen, die er selbst getrunken hatte. Und genau dies haben wir dem Wirt dann auch mitgeteilt. Die bereits bezahlte Zeche bekam mein Mandant auf sein Konto zurücküberwiesen, natürlich mit Abzug seiner zehn Bier.

Dennoch ließ die ganze Geschichte Ulli M. nicht ruhen. Er nahm Kontakt mit Jeff T. auf und erzählte ihm die Sache mit der Rechnung. Der entschuldigte sich daraufhin für sein Versehen und sein Fehlverhalten und überwies unverzüglich die Zeche. Die Rechnung des Wirtes wurde im Nachhinein also doch noch vom Richtigen bezahlt.

Merke: Achten Sie stets darauf, mit wem Sie in eine Kneipe gehen. Ab und zu sind »Champagner-Freunde« dabei, die gerne die Verantwortung für den eigenen Deckel vergessen.

4. Abzocktricks beim Kauf und Verkauf von Gebrauchtwagen

Abzocktrick 1 beim Kauf

Harry S. hatte sein Auto im Internet und in einer Tageszeitung zum Verkauf angeboten. Daraufhin meldete sich ein Käufer aus dem Ausland, der großes Interesse an dem Wagen zeigte. Er begann gleich am Telefon, mit Harry S. zu verhandeln. Zu dessen Überraschung ging es dabei aber gar nicht um den Preis, sondern nur um Übergabemodalitäten. Harry S. schilderte mir, dass er sein Glück damals kaum fassen konnte.

Als der potenzielle Käufer dann bei Harry S. auftauchte, hatte er anstelle von Bargeld jedoch einen Scheck dabei. Dieser Scheck war noch dazu auf eine höhere Summe ausgestellt als vereinbart. Der ominöse Käufer erklärte dies damit, dass er den Wagen für einen

Bekannten erwerben wollte, der ihm mit dem Scheck eine Pauschalsumme zur Verfügung gestellt hätte. Für Harry S. müsse dies jedoch kein Problem sein, er solle ihm die Differenzsumme einfach in bar ausbezahlen.

Was dann passierte, kann sich jeder leicht denken: Der Scheck war nicht gedeckt, der Wagen war weg und darüber hinaus hatte Harry S. dem Fremden die Differenzsumme zum Kaufpreis in bar übergeben. Das waren 750 €, wenn ich mich recht entsinne!

Merke: Lassen Sie sich nie auf ein Geschäft ein, wenn Ihnen zur Zahlung des Kaufpreises ein Scheck angeboten wird, dessen Betrag höher ausgestellt ist als der Kaufpreis!

Abzocktrick 2 beim Kauf

Stellen Sie sich vor: Sie finden im Internet ein wirklich tolles Gebrauchtwagen-Angebot. Das Auto scheint ein richtiges Schnäppchen zu sein: geringe Kilometerleistung und erst zwei Jahre alt zu einem Top-Preis!

Doch Vorsicht! Nicht alles ist Gold, was glänzt, besonders nicht traumhafte Schnäppchen! Laut Auskunft des ADAC gibt es heute kein Auto auf dem Markt, dessen Tacho man nicht wie eine Uhr verstellen könnte. Für gewiefte Verkäufer ist die Manipulation eines Tachos kein großes Problem. Deswegen der Rat: Nehmen Sie einen Freund oder Bekannten mit, der sich mit Autos auskennt, oder aber fragen Sie einen Kfz-Sachverständigen. Der kostet Sie zwar ein paar Hundert Euro, er erspart Ihnen aber womöglich durch sein Gutachten und sein waches Auge einige Tausend Euro. Solchen Fachleuten fällt beispielsweise auf, dass die Pedalgummis im Wagen nur wenig abgenutzt sind, obwohl das Auto schon 100.000 Kilometer runtergeschrubbt hat. Ihnen fällt auch ein fast neues Lenkrad auf, das ziemlich unbenutzt aussieht, oder sie bemerken einen fast neuen Schaltknüppel, der viel zu gepflegt ist für die angegebene Fahrleistung des Pkws.

Seien Sie ehrlich: Wären Sie in der Lage festzustellen, dass ein im Pkw befindlicher Tacho aus dem Jahre 2009 stammt, während das Auto selbst das Baujahr 2007 aufweist?

Achten Sie darauf, von wem Sie Ihren Gebrauchtwagen kaufen. Es gibt Händler, die ältere Autos gerne ein wenig »verjüngen«. Und damit Sie das besser beurteilen können, wenn Sie selbst ein Autounkundiger sind, nehmen Sie einen Fachmann mit. – Denn wer hat nicht schon die Horrorgeschichten vom kaputtgegangenen Motor, dem Zahnriemenriss oder der ausgeschlagenen Kupplung gehört – alles passiert nach nur vier Wochen, nachdem man einen »fast neuen« Wagen gekauft hat?

Abzocktrick 3 beim Kauf

Und hier beispielhaft ein Fall, der tatsächlich passiert ist:

Rolf M. hatte einen gebrauchten Pkw mit einer angegebenen Laufleistung von 150.000 Kilometern gekauft. Aber nun lag ein Gutachten vor uns, das besagte, dass der Pkw tatsächlich eine Laufleistung von 250.000 Kilometern hinter sich hatte. Rolf M. wollte deswegen vom Kaufvertrag zurücktreten, den Wagen zurückgeben und von den Verkäufern den bezahlten Kaufpreis abzüglich eines Betrages für die von ihm inzwischen gefahrenen Kilometer durchsetzen.

Die Verkäufer wiesen diese Forderung empört zurück und beriefen sich darauf, dass sie davon ausgegangen seien, dass die Kilometerleistung, die auf dem Tacho stand, korrekt sei. Sie verwiesen allerdings im Weiteren darauf, dass sie den Pkw von einem Zwischenhändler, dessen genauer Name ihnen nicht bekannt sei, erworben hätten. Dieser Zwischenhändler stand jedoch nicht im Fahrzeugbrief.

Also wurde der letzte Halter, der im Fahrzeugbrief aufgeführt war, befragt. Dieser bestätigte, dass der Pkw bereits 250.000 Kilometer Laufleistung hatte, als er ihn abgegeben hatte.

Rolf M. wusste nicht, dass derjenige, der als Letzter im Fahrzeugbrief als Halter vermerkt war, nicht auch der letzte Eigentümer war. Die Verkäufer hatten ihm auch verschwiegen, dass sie den Pkw von einem fliegenden Zwischenhändler erworben hatten. Und genau dies war unser Ansatzpunkt.

Nach einem Urteil des BGH muss der Verkäufer eines gebrauchten Pkws den Käufer darüber aufklären, wenn er das Fahrzeug kurze Zeit vor dem Weiterverkauf von einem nicht im Kfz-Brief eingetragenen Zwischenhändler erworben hat. Tut er dies nicht, so haftet er selbst für einen möglichen Schadensersatz.

Insofern mussten die Verkäufer des Wagens an Rolf M., auch wenn sie selbst keine Manipulationen an dem Pkw vorgenommen und auch wissentlich keine falschen Angaben gemacht hatten, den Wagen zurücknehmen. Darüber hinaus mussten sie an Rolf M. nicht nur den Kaufpreis zurückbezahlen, sondern auch noch seine Kosten für das Gutachten, Fahrgelder und auch die Anwaltskosten übernehmen. Rolf M. war froh, den Wagen wieder los zu sein.

Merke: Manchmal lohnt es sich auch im Nachhinein, die Angaben bei einem Gebrauchtwagenkauf genau zu überprüfen. Wenn Sie sich über den Tisch gezogen fühlen und das beweisen können, fordern Sie Ihr Recht ein!

Abzocktrick 4 beim Kauf

Folgende Situation: Sie stehen auf dem Hof eines Gebrauchtwagenhändlers und interessieren sich für ein bestimmtes Auto. Allerdings ist Ihnen dieser Wagen noch ein wenig zu teuer, und Sie sind fest entschlossen, über den Kaufpreis zu verhandeln. Sie nennen Ihren Preis, aber Ihre Stimme hört sich dabei etwas weich an. Der kundige Händler hört sofort Ihre Unsicherheit aus Ihrer Stimme heraus und weiß ganz genau, dass Sie nicht wirklich daran glauben, dass er auf diesen Preis eingeht. Der gewiefte Verkäufer bleibt freundlich und teilt Ihnen mit lässigem Schulterzucken mit, dass es noch einen weiteren Interessenten für das von Ihnen begehrte Auto gebe. Bei diesem Interessenten müsse er auch keinen Gebrauchtwagen in Zahlung nehmen. Allerdings sehe er, welche Freude Ihre Frau (Freundin, Kinder oder wer auch immer) an dem Auto habe. Deshalb komme er Ihnen mit dem Preis entgegen. Den Rabatt, den er dann nennt, ist allerdings nur ein Bruchteil von dem, mit dem Sie kalkuliert haben. Trotzdem stimmen Sie zu, weil Sie sich den Wagen nicht von einem anderen wegnehmen lassen wollen. Doch war das richtig?

Bestimmt ist Ihnen schon einmal Ähnliches passiert, bestimmt haben Sie sich wochenlang danach noch geärgert, aber vielleicht haben Sie dann das richtige »Schnäppchen« kurze Zeit danach doch noch gesehen?

Merke: Lieber einmal mehr »Nein« sagen, denn jede Chance kommt wieder!

Abzocktrick 5 beim Kauf und Verkauf

Sie haben im Internet ein tolles Auto gesehen und würden es sich gerne näher ansehen. Der einzige Haken dabei ist, dass die Entfernung zum Händler, der es angeboten hat, sehr groß ist. Nach reiflicher Überlegung fahren Sie aber trotzdem hin. Doch als Sie dort ankommen, ist der Wagen schon weg oder war nie da. (Wer sagt denn, dass der Händler den Wagen überhaupt im Angebot hatte, den er ins Netz gestellt hat?) Schnell ist der Gebrauchtwagenhändler mit einem Alternativangebot zur Stelle. Er zeigt Ihnen einen Wagen, für den Sie sich eigentlich nicht interessiert haben. Ihnen gefällt weder der Wagentyp noch die Farbe. Aber Sie haben ständig den Gedanken im Kopf, dass die Reise nicht umsonst gewesen sein kann. Sie lassen sich zu einer Probefahrt überreden, das Wetter ist schön, der Gebrauchtwagenhändler redet, redet und redet, und irgendwann sind Sie überzeugt.

Die böse Überraschung kommt erst zu Hause. Sie haben zwar ein neues Auto, aber keine Freude daran; überteuert ist es auch noch und die zwei Kinderwagen kriegen Sie ebenfalls nicht rein.

Deswegen: Kaufen Sie nur dann, wenn Sie wirklich überzeugt sind, und lassen Sie sich nicht von äußeren Umständen zum Kauf eines Autos bewegen, das Sie gar nicht haben wollen.

Merke: Zurückgeben können Sie ein Auto nicht, nur weil es Ihnen nicht gefällt. Man kann einen Vertrag nur anfechten oder von ihm zurücktreten, wenn die Ware mangelhaft oder man einer Täuschung aufgesessen ist.

Abzocktrick 6 beim Kauf und Verkauf

Rudi S. aus T. berichtete mir, dass er bei einem Gebrauchtwagenhändler einen Pkw gekauft hatte. Anfänglich war sein Eindruck von dem Händler gut, er schien freundlich und entgegenkommend. Auch hatte er angeboten, den alten Wagen von Rudi S. für ihn auf seinen Hof zu stellen und ihn zu verkaufen. Tatsächlich hatte mein Mandant mit diesem Händler einen Vermittlungsauftrag abgeschlossen. Erfreulich fand Rudi S., dass der vom Händler ins Auge gefasste Verkaufspreis höher war, als er erwartet hatte. Mit so viel Geld hatte er eigentlich gar nicht gerechnet. Hinzu kam, dass der Händler für seine Dienste keine Vermittlerprovision verlangte, sondern lediglich eine kleine Standmiete pro Tag.

Doch Rudi S. war diesem Gebrauchtwagenhändler auf den Leim gegangen. Da der Händler den Kaufpreis für den Pkw so hoch angesetzt hatte, dass kein Käufer daran interessiert war, blieb der Wagen über mehrere Wochen auf dem Hof des Händlers unverkäuflich stehen. Und das war Absicht.

Unverzüglich kündigte ich im Namen von Rudi S. den Vertrag und hielt dem Gebrauchtwagenhändler sein »rechtsmissbräuchliches Verhalten« vor. Er hatte extra einen zu hohen Verkaufspreis ausgewiesen, um möglichst lange die Standplatzmiete kassieren zu können!

Da dem Händler nicht an einem längeren Rechtsstreit gelegen war und er zudem Angst vor einem Schadensersatzprozess hatte, einigten wir uns und reduzierten zum einen die Standplatzmiete rückwirkend in gegenseitigem Einvernehmen auf eine übliche Garagenmiete von monatlich 50,- €, und zum anderen nahm mein Mandant seinen Wagen mit nach Hause – wo er ihn drei Wochen später verkaufte.

Hätte sich der Gebrauchtwagenhändler quergestellt und hätte er auf dem Mietpreis bestanden, hätte mein Mandant einen langwierigen Prozess führen müssen, um seine Ansprüche durchzusetzen, denn der Mietpreis war ja fest vereinbart. Die Tatsache, dass der begehrte Verkaufspreis auf dem Markt nicht zu erzielen war, hätte im Zweifel nur mit einem teuren Sachverständigengutachten geklärt werden können.

Merke: Wenn Sie eine Standplatzmiete vereinbaren, ist der Gebrauchtwarenhändler nicht unbedingt an einem Verkauf interessiert.

Abzocktrick 7 beim Verkauf

Stellen Sie sich vor: Sie haben ein Angebot eines Autohändlers im Internet gesehen, rufen dort an und erklären, selbst einen Gebrauchtwagen zu haben, den Sie für den Fall eines Kaufes unbedingt in Zahlung geben wollen. Der Verkäufer ist damit einverstanden und bietet Ihnen einen recht attraktiven Preis für Ihren Pkw an.

Als Sie dann jedoch beim Händler vorfahren, erklärt er Ihnen, dass er nicht mit einem solch schlechten Zustand Ihres Pkws gerechnet hätte, er müsse deshalb für dies und das einige Abzüge machen. Der Preis, den Sie nun geboten bekommen, hat wenig mit dem telefonischen Angebot zu tun. Allerdings hat der Händler Ihnen Ihr Auto in dieser Zeit so madig gemacht, dass Sie selbst den Glauben an einen höheren Preis verloren haben.

Sie gehen auf das Angebot des Händlers ein. Zu Hause angekommen ärgern Sie sich schwarz. Und das zu Recht. Denn es bestand überhaupt kein Druck, den neuen Wagen kaufen zu müssen.

Merke: Lassen Sie sich zum einen nie den eigenen Wagen madig machen. Und zum anderen: Warten Sie lieber, bis alle Bedingungen stimmen!

Abzocktrick 8 beim Verkauf

Stellen Sie sich vor, Sie haben Ihr Auto inseriert und erhalten das Angebot, dass der Wagen in einer Exportliste aufgenommen wird. Sie lesen das Kleingedruckte nicht, nehmen das Angebot an und stellen später fest, dass Sie für die Aufnahme in diese Exportliste etwas bezahlen müssen.

Die Folge: Sie haben mit dem Versuch, das Auto zu verkaufen, kein Geld verdient, sondern Geld ausgegeben – und der Wagen steht immer noch in der Garage.

Abzocktrick 9 beim Verkauf

Oder: Sie haben Ihr Auto unter Angabe Ihrer Telefonnummer zum Verkauf angeboten. Kurze Zeit danach erhalten Sie eine SMS mit der Aufforderung, eine angegebene Nummer anzurufen, denn bei dieser handele es sich um die Nummer eines Kaufinteressenten.

Aber Falsch! Meist landen Sie mit diesen Nummern in teuren Warteschleifen, die nicht dazu da sind, um Ihnen dabei zu helfen, Ihr Auto zu verkaufen, sondern um Ihr Portemonnaie zu erleichtern!

5. Abkassieren am Telefon

Trick Nr. 1

Haben Sie auch schon einmal eine SMS bekommen, bei der Sie sehr vertrauensvoll von einer jungen Dame um Rückruf gebeten wurden, an die Sie sich aber beim besten Willen nicht erinnern konnten?

Sind Sie so erzogen, dass Sie Anrufe grundsätzlich beantworten, ebenso wie Briefe oder Mails? – Hier sollten Sie dies nicht tun. Die in der SMS genannte Nummer, bei der Sie zurückrufen sollen, ist meist eine teure SMS-Premiumnummer. Das heißt, eine SMS kostet bis zu 4,99 € und ein Rückruf mindestens 1,99 € pro Minute.

Tatsächlich sind diese SMS gesetzeswidrig. Hierfür allerdings einen Anwalt aufzusuchen, lohnt sich kaum. Meist ist die Beratungsgebühr bei einem Anwalt viel höher als der Betrag, den Sie durch die Verwendung dieser Nummer zahlen müssen. Besser ist es, sich in den Dienst der Allgemeinheit zu stellen, die Bundesnetzagentur anzurufen und dafür zu sorgen, dass diese Nummer abgeschaltet wird.

Die Bundesnetzagentur erreichen Sie unter Telefon 030-22480500 oder im Internet unter: www.bundesnetzagentur.de.

Trick Nr. 2

Kennen Sie die Gewinnversprechen, die einem viel Geld, ein tolles Auto oder eine sorglose, lebenslange Rente versprechen? Solche Art von Versprechen flattern nicht nur in gedruckter Form per Post ins Haus, sie werden auch per SMS verschickt! Kurz gefasst heißt es dann dort: »Sie haben 5.000,- € gewonnen!« – Oder ähnlich. Und um sich den Gewinn abzuholen, werden Sie in der SMS gebeten, bei einer bestimmten Telefonnummer anzurufen.

Sie ahnen schon etwas? Genau: Was Sie hier »gewinnen«, ist eine unnötige, nervige Warterei in einer Warteschleife, die Sie hohe Telefongebühren kostet, und eine Warteschleife, die niemals endet!

Trick Nr. 3

Ist Ihnen das auch schon passiert? Sie erhalten auf Ihrem Handy per SMS solcherlei Anfragen wie: »Wie ist Dein Name, was würdest Du jetzt gerne mit mir machen?«

Wenn Sie dann wirklich zurückrufen, seien Sie sich bewusst, dass Sie eine Nummer benutzen, die Sie im Zweifel ab 1,99 € pro Minute kostet. Denn auch hier ist man weniger an Ihnen, sondern vielmehr an Ihrem Geld interessiert!

Trick Nr. 4

Und wie kann man Sie sonst noch locken? Vielleicht mit:

§ »Ein lukrativer Nebenjob wartet auf Sie, rufen Sie an unter 0900…«

§ »Sehen Sie gut aus? Wollen Sie auch als Model arbeiten? Rufen Sie uns an unter 0900…«

§ »Übernachten Sie wie ein König, wir vermitteln günstige Hotelangebote. Rufen Sie an unter 0900…«

§ »Sie wollen in die USA, wir helfen Ihnen bei der Suche nach einer Green Card. Rufen Sie uns an unter 0900…«

Auch hier gilt: Niemand will Ihnen helfen, es geht nur um die Telefongebühren – die Sie zahlen, wenn Sie zurückrufen!

Trick Nr. 5

Aufpassen sollten Sie generell bei Rückrufen auf folgenden Servicenummern: 0900, 0137 oder 0088. Hier werden pro Minute zwischen 1,99 € und 5,- € fällig.

Wenn Sie also nicht geschröpft werden wollen, lassen Sie besser die Finger weg von solchen Nummern!

Trick Nr. 6

Es kann auch sein, dass Sie auf Ihrem Handy eine Nachricht erhalten mit dem Inhalt: »Sie haben eine MMS erhalten, bitte schicken Sie zum Abruf eine SMS an uns.«

Doch Achtung: Hier will Ihnen niemand eine MMS zusenden, das könnte er/sie ja auch tun, ohne dass Sie vorab eine SMS schicken müssten. Vielmehr geht es wieder darum, Sie abzucashen.

Trick Nr. 7

Sie kennen sie alle, die Benachrichtigungszettel der Postzustellerfirmen, die in Ihrem Briefkasten liegen, wenn Sie nur mal kurz außer Haus waren und der Paketbote natürlich genau dann bei Ihnen geklingelt hat. Nur, diesen einen Paketzusteller, von dem Sie nun einen Benachrichtigungszettel im Briefkasten haben, kennen Sie überhaupt nicht. Es ist weder die Post, DHL, FedEx, UPS, Hermes oder GLS. Auf diesem Benachrichtigungszettel werden Sie aufgefordert, unter der Telefonnummer 0900 … anzurufen. Sie wissen schon, was Sie erwartet? Eine Warteschleife, die Sie 1,99 € pro Minute kostet. – Von wegen Paket!

Trick Nr. 8

Würden Sie es abschlagen, einem hilfesuchenden Menschen Ihr Telefon für einen einzigen Anruf zu überlassen? Mit dieser Masche sind Mandanten von mir in Fußgängerzonen angesprochen worden. Wenn Sie Ihr Handy dann hergeben, und im Nachhinein die Nummer kontrollieren, finden Sie die angewählte Nummer 0900 … Ein solcher Hilfsdienst hat einen meiner Mandanten einmal über 30,- € gekostet.

Trick Nr. 9

Einer meiner Mandanten hatte in einem Wochenblatt inseriert und seinen Rasenmäher zum Kauf angeboten. Da er unter der Woche häufig unterwegs war, hatte er seine Handynummer angegeben. Er hat alle SMS-Anfragen und Bitten um einen Rückruf beantwortet. Immer waren es 0900-Nummern. Zunächst war es ihm nicht aufgefallen. Als er misstrauisch wurde, hatte er bereits für über 100,- € telefoniert. Natürlich hatte keiner der Angerufenen irgendein Interesse an seinem Rasenmäher.

Zum Abschluss dieses Kapitels noch ein generelles Wort zu **Warteschleifen**:

Im Jahr 2011 sollen Telefon-Warteschleifen deutsche Verbraucher insgesamt 144 Millionen € gekostet haben, so berichtete die *Süddeutsche Zeitung*. Aber das soll sich ändern. Nach einer Neuerung im Telekommunikationsgesetz dürfen diese Warteschleifen ab dem 1. Juni 2013 die ersten zwei Minuten nichts mehr kosten.

Kontrollieren Sie also Ihre Telefonrechnung und melden Sie Verstöße bei den Verbraucherschutzzentralen.

6. Die Handysperrung

Walter T. hatte seine Handyrechnung von 28,- € nicht rechtzeitig an seinen Mobilfunkanbieter überwiesen und war so in Zahlungsverzug geraten. Der Mobilfunkanbieter fackelte daraufhin nicht lange und sperrte ihm kurzerhand sein Handy.

Nichts Ungewöhnliches – denkt man auf den ersten Blick: Wer nicht bezahlt, der hat auch keinen Anspruch auf Leistungen.

Der Bundesgerichtshof sieht das aber anders. Erst ab einem Zahlungsrückstand von über 75,- € ist die Sperrung des Mobilfunkanschlusses rechtens. Dies ist genau die Summe, bei der auch der Festnetzanschluss gesperrt werden darf.

In unserem Fall gab es für das Gericht keinen Grund, die Sperrung eines Handyanschlusses bei einem so geringen Rückstand zuzulassen. Walter T. konnte deswegen schnell geholfen werden.

Also merken: Erst bei Telefonschulden ab 75,- € dürfen Ihre Telefonanschlüsse gesperrt werden.

7. Kaufen im Internet

eBay-Kauf 1

Wieder ein Fall aus der Kanzlei:

Mein Mandant hatte sich bei eBay ein Fahrrad angeschaut. Das Fahrrad, das dort gerade zur Versteigerung anstand, war wirklich sein Traumrad. Es war nur viel zu teuer für ihn. Weil er aber Spaß an diesem Rad hatte, setzte er es »Auf die Beobachtungsliste«.

Als er am Abend von der Arbeit nach Hause kam, fand er auf seinem E-Mail-Account die Mitteilung, dass er dieses Fahrrad ersteigert habe. Nun sollte er an den Verkäufer einen Betrag in Höhe von 5.200,- € bezahlen. Seine Verwirrung war groß, er hatte das Fahrrad doch gar nicht ersteigert? Er konnte sich den Kauf beim besten Willen nicht erklären. Erst als sein 10-jähriger Sohn nach Hause kam, wurde alles klar. Der Junge, mit dem er nach dem Tod der Mutter alleine lebte, wollte ihm eine Freude machen und hatte für ihn das Fahrrad ersteigert. Sein Sohn konnte überhaupt nicht verstehen, dass sein Vater sich nicht über dieses tolle Geschenk freute.

Nach einigem Hin und Her konnten wir dem Verkäufer des Fahrrads glaubhaft machen, dass nicht mein Mandant das Fahrrad ersteigert hatte, sondern vielmehr sein minderjähriger Sohn. Das Geschäft war deshalb ungültig. Der Verkäufer verzichtete auf die Abnahme des Fahrrads, denn in diesem Fall konnten wir lückenlos nachweisen, dass nicht der Vater, sondern der Sohn das Fahrrad ersteigert hatte. Wäre dies nicht gelungen, hätte die Sache auch anders ausgehen können.

Merke: Es gibt kein Rücktrittsrecht von einem Kauf, wenn die Ware mangelfrei ist!

eBay-Kauf 2

Ein anderer Fall:

Mandy S. hatte über eBay eine kleine Stereoanlage ersteigert. Die Stereoanlage war im Internet als tadellos beschrieben, der Verkäufer hatte in seiner Beschreibung sogar noch angemerkt, dass die Stereoanlage keinerlei Fehler aufweise, praktisch wie neu sei.

Als Mandy S. die Stereoanlage dann aber geliefert bekam und auspackte, stellte sie fest, dass die Anlage doch erhebliche Mängel aufwies. Zum einen hatte sie deutliche Gebrauchsspuren, zum anderen war der Lautstärkeregler verkantet. Offensichtlich war der Vorbesitzer einmal mit einem schweren Gegenstand dagegengestoßen.

Mandy S. wollte deswegen die Stereoanlage wieder zurückschicken und ihr Geld wiederhaben. Sie erklärte dem Verkäufer den Rücktritt vom Vertrag und forderte die Rückerstattung des Kaufpreises gegen die Rückgabe der Stereoanlage. Der Verkäufer aber lehnte mit dem Hinweis darauf ab, dass zwischen ihm und Mandy S. ein »Gewährleistungsausschluss« vereinbart worden war.

Nachdem Mandy S. mich aufgesucht hatte, versuchte ich zunächst, zwischen ihr und dem Verkäufer zu vermitteln. Diese Vermittlungsversuche scheiterten jedoch, sodass wir Klage erhoben.

Und diese Klage hatte Erfolg. Das Gericht stellte fest, dass die Angaben »tadellos«, »keinerlei Fehler« und »praktisch wie neu« Beschaffenheitsangaben der Stereoanlage darstellten, die einen Gewährleistungsausschluss nicht mehr zulassen. Im Klartext bedeutet das, dass ein Verkäufer, der eine Ware als tadellos bezeichnet, im Nachhinein nicht sagen kann, dass er für diese Angabe keine Gewährleistung mehr übernehmen will. Ist die Ware dann nicht tadellos, so kann der Käufer, auch wenn ein Gewährleistungsausschluss vereinbart wurde, dennoch den Rücktritt vom Vertrag verlangen.

Merke: Achten Sie immer sehr genau darauf, wie der Kaufgegenstand im Internet angepriesen ist. Ist er als »fehlerfrei« bezeichnet und weist aber dennoch einen Fehler auf, können Sie vom Vertrag zurücktreten und die Rückabwicklung des Kaufvertrages verlangen.

Gekauft oder nicht gekauft?

Eines Tages bemerkte Klaus F. auf seinem Konto eine Buchung für einen Kauf, an den er sich absolut nicht erinnern konnte. Wie konnte das sein?

Wir forschen nach, und es kam heraus, dass das Konto von Klaus F. benutzt worden war, um ein Mac Book Pro zu bezahlen, das unbekannte Täter unter einer gestohlenen anderen Identität an eine Paketstation hatten liefern lassen.

Dieses Vorgehen ist mittlerweile nicht mehr so ungeläufig. Nicht selten kommt es vor, dass bei eBay oder auch sonst im Netz mit gestohlenen Identitäten Geschäftsabschlüsse getätigt werden. Als Lieferadressen wurden oftmals Sammelpaketstationen für die Zulieferer angegeben, wie zum Beispiel der Carport in der XY Straße Nr. XY in XY Ort. An diesen Ablieferungsstationen können die anonymen Täter dann die Pakete abholen, ohne dass sie ihre Identität preisgeben müssen.

Im Falle von Klaus F. besorgten sich die Täter im Netz die Personalien und Passdaten eines Opfers und die Bankdaten eines anderen. – Beides muss nicht unbedingt zur gleichen Person gehören. In manchen Online-Shops braucht man für eine Bestellung manchmal nur die Kreditkartennummer und die dazugehörige CVV-Nummer, der Name ist meist egal.

Da wir nachweisen konnten, dass Klaus F. nichts bestellt hatte, erstattete die Versicherung den Betrag des abgebuchten Verkaufspreises.

Merke: Schauen Sie sich Ihre Kontoauszüge immer genau an. Es kommt häufig vor, dass von unbekannten Tätern kleinere Beträge, die eventuell zu Reparaturrechnungen passen könnten, von einem Konto abgebucht oder einer Kreditkarte belastet werden.

Internetsicherheit

Josef M. saß in der Kanzlei vor mir, er war 67 Jahre alt und berichtete erst einmal, dass ihn seine Kinder auf das Internet gebracht hätten. Zuerst sei ihm das Internet sehr suspekt vorgekommen. Seine Kinder hätten ihm allerdings erklärt, dass er ohne Zugang zum Internet weltfremd wäre. Also wollte er sich dem Ganzen nicht verschließen und hatte sich einen Internetzugang sowie einen PC zugelegt. Eigentlich sei er begeistert und schwärmte, er würde vielerlei Informationen finden, die für ihn ansonsten nicht so leicht zugänglich wären, auch würde er mittlerweile sämtliche Weltnachrichten im Netz lesen. Doch nun hätte er einen komischen Brief erhalten. Darin bezichtigten ihn Anwälte, irgendetwas Merkwürdiges heruntergeladen zu haben, und dafür wollten sie von ihm eine Schadensersatzsumme in Höhe von 1.495,- € und eine sogenannte Unterlassungserklärung unterzeichnet zurückgesendet bekommen.

Auf meine Frage, ob jemand anderes Zugang zu seinem Internetanschluss hätte, schüttelte er den Kopf. Er sei allein an diesem PC, seine Kinder kämen nur selten zu ihm, meist würde er seine Kinder besuchen. Es sei also ausgeschlossen, dass irgendjemand anderes an seinen PC gegangen sei. Ich fragte ihn dann, ob jemand anderes denn Zugang zu seinem Netzwerk hätte. Er verneinte. Nein, er hätte mir doch gerade gesagt, dass nur er alleine Zugang zu seinem PC hätte. Sodann fragte ich ihn, ob er denn sein Netzwerk mit einem Passwort geschützt habe. Hier stutzte er und fragte mich: »Was denn für ein Passwort?«

Tatsächlich hatte Josef M. sein Netzwerk nicht geschützt. Ich musste nun davon ausgehen, dass sich ein Unberechtigter Zugang zu seinem ungeschützten Netzwerk verschafft und dann einen unberechtigten Download vorgenommen hatte.

Ich riet meinem Mandanten, eine modifizierte Unterlassungserklärung abzugeben, in der er erklärte, keine unberechtigten Downloads zu tätigen und sie auch nicht auf sogenannten Tauschbörsen zum weiteren Abruf bereitzustellen. Die Schadensersatzforderung haben wir nicht bezahlt. Bis heute wurde sie auch nicht gerichtlich eingefordert.

Merke: Schützen Sie Ihr Netzwerk! Betreiben Sie es nie ohne Passwort!

Und bei der Auswahl Ihrer Passwörter sollten Sie sich ein wenig Mühe geben. Natürlich gibt es mittlerweile im Internet Programme, wie z.B. »Passwort-Genius«, die beinahe jedes Passwort herausfinden können. Deshalb sollten Sie bei der Auswahl Ihres Passwortes erfindungsreicher sein als die meisten anderen Internetnutzer. Nachfolgend sind die häufigsten englischen wie auch die häufigsten deutschen Passwörter aufgelistet.

Deutsche Passwörter:	Englische Passwörter:
1. 123456	1. PASSWORD1
2. FICKEN	2. ABC123
3. 12345	3. SWIMMER1
4. HALLO	4. ILOVEYOU1
5. 123456789	5. MONKEY1
6. 12345678	6. FUCKYOU
7. SCHATZ	7. 123456
8. DANIEL	8. MYSPACE1
9. ASKIM	9. FUCKYOU1
10. NADINE	10. PASSWORD
11. 1234	11. BABYGIRL1
12. PASSWORT	12. ILOVEYOU2
13. BABY	13. FOOTBALL1
14. FRANKFURT	14. PRINCESS1
15. SOMMER	15. 123ABC

Bei der Auswahl Ihres Passwortes sollten Sie sich auch nicht unbedingt an einem der Stichwörter orientieren, die Anknüpfungspunkte für die meisten verwendeten Passwörter sind, wie zum Beispiel:

§ Name des Haustieres

§ Hobby

§ Geburtsname der Mutter

§ Geburtstag eines Familienmitgliedes

§ Eigener Geburtstag

§ Name des Partners

§ Eigener Name

§ Lieblingsfußballmannschaft

§ Lieblingsfarbe

§ Telefonnummer ohne Vorwahl

Merke: Geben Sie sich Mühe bei der Auswahl des Passwortes, dann ist die Gefahr, dass etwas passiert, geringer!

Der ahnungslose Vater

Stefan K., ein unternehmungslustiger, aufgeschlossener, junger Familienvater, 35 Jahre alt, saß vor mir. Er erzählte, dass sein 10-jähriger Sohn offensichtlich in seiner Abwesenheit ins Internet gegangen war und zwar auf Seiten, die für ihn nicht geeignet sind. Er bestätigte mir, dass er seinen Computer bereits durch einen besonderen Zugangscode jugendsicher eingerichtet hätte, doch dies hatte anscheinend nicht ausgereicht. Sein junger Sohn hatte dennoch Zugang zu nicht jugendfreien Seiten gefunden. Stefan K. war davon überzeugt, dass sich sein Junge von Schulfreunden hatte anstiften lassen.

Nun saß er bei mir, weil er zum einen einen abgeschlossenen Vertrag mit einem Internetseitenbetreiber, der ihn verpflichtete, 69,- € monatlich zu bezahlen, rückgängig machen wollte und zum anderen einen Rat begehrte, wie er sich vor weiteren Zugriffen seines Sohnes auf das Internet schützen könne.

Aus dem Vertrag herauszukommen war nicht das größte Problem. Wir konnten nachweisen, dass der Sohn den Vertrag abgeschlossen hatte, und eine kurze Bestätigung des Jungen hatte ausgereicht, um dem Seitenbetreiber klarzumachen, dass hier kein Geschäftsabschluss eines Erwachsenen vorlag.

Aufwendiger gestaltete sich aber die Suche nach der passenden Software, die den Jungen vor Gefahren im Internet schützt, denn das Angebot ist mittlerweile zahlreich.

Merke: Wollen Sie Ihr Netz für Ihre Kinder sicher machen, das heißt Ihre Kinder vor dem Zugriff auf nicht jugendfreie Seiten bewahren, so sind folgende Programme zu empfehlen:

§ www.jugendschutzprogramm.de

§ www.parentsfriend.de

§ www.fragfinn.de

§ www.mediaculture-online.de

Kochen mit dem Internet

Marianne H. ist 63 Jahre alt. Ihre größte Freude besteht darin, ihre Freunde und ihre Familie mit leckeren Gerichten zu verwöhnen. Dazu hatte sie im Internet eine tolle Seite gefunden: Auf www.kochrezepte-server.de fand sie alle Rezepte versammelt, die sie brauchte.

Und es war ganz einfach: Man ging auf die Homepage, meldete sich mit E-Mail-Adresse und Anschrift an und brauchte nur noch den AGBs zuzustimmen. Schon war man drin, im »Reich der Rezepte«.

Nun aber saß Marianne H. vor mir und legte mir Mahnschreiben vor, in denen sie aufgefordert wurde, an den Betreiber dieser Internetseite monatlich 39,- € zu bezahlen. Auch waren schon Schreiben von Inkassounternehmen dabei, die mit Schufa-Einträgen drohten. Marianne H.s Nerven lagen blank.

Ich erklärte ihr, dass sie kein Einzelfall sei. Viele, vor allem ältere und netzunerfahrene Internetnutzer, wurden unter dem Versprechen, die Leistungen einer Seite kostenlos nutzen zu können, dazu verlockt, ihre Anschrift und E-Mail-Adresse anzugeben und durch einen Klick die AGBs zu akzeptieren. Den wenigsten fiel auf, dass in diesen AGBs versteckte Klauseln enthalten waren, die dem Anklickenden ein Abo verkauften. Denn wer liest schon gerne seitenlange Geschäftsbedingungen?

Nun, Sie sollten dies tun. Lassen Sie sich nicht davon abschrecken, wie viel Zeit Sie brauchen, um AGBs zu lesen. Denken Sie vielmehr daran, wie viel Zeit Sie benötigen, um aus einem solchen Vertrag wieder herauszukommen, oder welche Zeit, um mithilfe eines Anwalts wieder ein wenig Ruhe in Ihren Alltag zu bekommen.

Doch wie ging es mit Marianne H. weiter? Tatsächlich haben wir die Mahnschreiben an sie nicht beantwortet. An die Inkassounternehmen habe ich ein kurzes Schreiben gesandt und damit war der Vorgang erledigt. Die Betreiber der Internetplattform haben sich bei Marianne H. nie mehr gemeldet. Sie wussten wohl, dass sie versucht hatten, Marianne H. zu betrügen, und dass man ihnen auf die Schliche gekommen war.

Mittlerweile sind die gesetzlichen Anforderungen an solche Internetanbieter strenger geworden. Der Gesetzgeber verlangt einen Button auf der Internetseite, durch dessen Klicken der Verbraucher darauf hingewiesen wird, dass es nun kostenpflichtig wird. Siehe hierzu das nächste Kapitel.

Die Internet-Abofalle

Benny S. war einer Internetfirma auf den Leim gegangen. Er hatte, wie es Unzähligen tagtäglich passiert, im Internet nach Informationen gesucht und dabei, ohne es zu merken, ein Abonnement abgeschlossen, das ihn nun verpflichtete, 59,95 € monatlich zu bezahlen. Für diesen Betrag hätte er dann die Möglichkeit, Informationen auf dieser Internetseite abzurufen. Tatsächlich wusste Benny S. überhaupt nicht, wie es zu diesem Abonnementabschluss gekommen war, und hatte keine Ahnung, wie er aus dieser Abofalle wieder herauskommen konnte. Musste er die Kosten für das Internet-Abo wirklich bezahlen?

Wie meistens in diesen Fällen habe ich empfohlen, nicht zu zahlen. Die Mahnungen der Internetfirma sollte Benny S. ignorieren. Zu einer Klage der Internetfirmen ist es in den zahlreichen Fällen, in denen ich beraten habe, noch nie gekommen.

Mittlerweile hat auch der Gesetzgeber reagiert. Wer im Internet ein Abo verkaufen will, muss auf seiner Internetseite eine gut lesbare Schaltfläche, das heißt einen Button, haben, auf dem »zahlungspflichtig bestellen« steht. Nur mit Klick auf diesen so beschrifteten Button kann ein Abonnement rechtsgültig abgeschlossen werden. Gibt es diesen Button nicht, so ist das Abonnement nicht zustande gekommen, und man kann es ruhig auf ein Gerichtsverfahren ankommen lassen.

Man kann natürlich auch aktiv werden, indem man beispielsweise Unterlassungserklärungen von den unseriösen Internetanbietern verlangt, man könnte auch Strafanzeige erstatten. Aber ob sich dieser Aufwand lohnt?

Merke: Ein Internet-Abo, das auf einer Seite abgeschlossen wurde, die keinen gut sichtbaren Button »zahlungspflichtig bestellen« aufweist, bindet Sie rechtlich nicht.

Der Download-Abmahnwahn

Als sie vor mir saß, hatte Elli M. ein Schreiben eines Anwalts in der Hand. Ihr wurde vorgeworfen, unberechtigterweise einen Film aus dem Internet heruntergeladen zu haben. Nun sollte sie dafür 1286,80 € bezahlen. In dieser Summe war ein Schadensersatz von 250 €, eine Aufwandsentschädigung für sonstige Ermittlungskosten von 125 € sowie Anwaltskosten in Höhe von 911,80 € enthalten.

Elli M. bezahlte damals auf unseren Rat hin nicht. Und auch das Recht hat sich mittlerweile auf ihre Seite gestellt. Denn der Gesetzgeber wird aller Wahrscheinlichkeit nach noch im Jahre 2013 ein Gesetz verabschieden, nach dem die Abmahnkosten der Anwälte für sogenannte Filesharing-Abmahnungen auf 155,30 € begrenzt werden.

Also: Zahlen Sie nicht blind die Abmahnforderungen von Anwälten für Filesharing-Abmahnungen.

Anspruch auf die Ware

Marie L. hatte im Internet Ware bestellt und diese auch schon bezahlt. Doch dann weigerte sich der Verkäufer plötzlich, ihr die Ware zu senden, da er sie offenbar mit dem falschen Preis ausgezeichnet hatte.

Marie L. aber wollte die Ware zu dem angegebenen Betrag, den sie ja schließlich schon überwiesen hatte, haben und bat mich um Hilfe.

Ich setzte ein Schreiben auf, in dem wir auf Zusendung der Ware bestanden und erklärten, warum der Händler liefern musste. Wenn ein Internetversandhandel seine Ware aus Versehen mit einem falschen Preis auszeichnet, dann kann er sich nicht mehr auf einen Irrtum berufen, wenn er den Besteller bereits zur Zahlung aufgefordert und dieser die Ware auch schon bezahlt hat. Dies gilt für den Fall, dass die Ware zu hoch ausgepreist ist, aber natürlich auch für den Fall, wenn sich der Händler zu seinen Ungunsten vertan hat und die Ware zu günstig im Internet angeboten hat.

Ist der Vertrag allerdings noch nicht abgeschlossen, hatte der Käufer vielleicht vor Abschluss des Kaufvertrages noch eine Frage zum Produkt und hat der Verkäufer dabei durch Zufall bemerkt, dass er den Preis zu niedrig angegeben hat und korrigiert dann noch gleich den Preis, hat der interessierte Käufer Pech. – Marie L. hatte Glück.

Merke: Die Preisangabe bindet den Verkäufer.

8. Thema GEZ

Die Neuregelung

Die GEZ-Gebühren wurden mit Beginn des Jahres 2013 neu geregelt. Tatsächlich scheint mit der neuen Regelung ab 01.01.2013 die Schnüffelei der GEZ-Mitarbeiter beendet zu sein. Das heißt aber nicht, dass damit auch die Ungerechtigkeiten aufhören.

Stellen Sie sich vor, Sie haben bisher alleine gelebt, dann aber ist Ihre Freundin zu Ihnen gezogen. Vorher war es klar und rechtens, dass die GEZ die monatliche Gebühr vom Konto Ihrer Freundin und von Ihrem Konto abbuchte, da sie in getrennten Wohnungen lebten. Wenn Sie aber nun der GEZ mitteilen, dass Sie beide in einem Haushalt leben, werden Sie sicherlich nicht gleich Gehör finden. Die GEZ wird aller Wahrscheinlichkeit nach eine gute Zeit lang weiter zwei Gebühren von Ihren beiden Konten abbuchen, und Sie laufen Ihrem Geld hinterher.

Mein Tipp: Widerrufen Sie in einem solchen Fall die Abbuchungsaufträge! Dies scheint der einzige Weg zu sein, sich Gehör zu verschaffen, wenn auf die mitgeteilten veränderten Wohnverhältnisse von der GEZ keine Reaktion erfolgt. Oder aber zahlen Sie in einem solchen Falle gar nicht erst. Sie werden nicht der Einzige sein, das lässt die Anzahl der Klagen und Beschwerden gegen die neue Gebühren-Ordnung erwarten.

Übrigens: Das alte Argument, dass man keinen Fernseher oder Radio habe, zieht nun nicht mehr. Die neue GEZ-Gebührenordnung geht davon aus, dass jeder Haushalt zahlungspflichtig ist, auch, wenn er keine TV- oder Radiogeräte hat. Schließlich könne man die Programme auch auf einem Laptop, einem Tablet, einem Smartphone usw. sehen.

Ein weiterer Grund: Jeder soll zahlen, weil die öffentlich-rechtlichen Medien einen wesentlichen Beitrag zur Demokratie in Deutschland leisten. Das heißt, wir zahlen eine »Demokratieabgabe«, wie es Jörg Schönenborn vom WDR bezeichnete.

Stellt man das Gesamtvolumen dieser Abgabe in eine Relation zum Etat einzelner Ministerien, so ergibt sich folgendes Bild:

8,7 Milliarden € Finanzbedarf der öffentlich rechtlichen Sender

6,9 Milliarden € Finanzetat des Ministeriums für Familie, Senioren, Frauen und Jugendliche

24,6 Milliarden Etat für das Ministerium für Verkehr, Bau und Stadtentwicklung.

Merke: Der Gesamtetat aller privaten TV- und Radio-Sender ist geringer als die GEZ-Gebühren, die den öffentlich rechtlichen Sendern zur Verfügung stehen!

Auch wenn die folgenden Passagen hier in diesem Kapitel nicht mehr up to date sind, zeigen sie doch die übliche frühere Vorgangsweise der Gebühreneinzugszentrale, die sich sicherlich im Grundcharakter nicht geändert hat, sodass man sie in Zukunft wohl auf manch neue Belange übertragen kann.

Die GEZ-Schätzung

Michael M. legte mir eine Rechnung der GEZ vor. Diese forderte darin von ihm sechs Jahre Rückstandszahlungen sowie den Betrag für das laufende Jahr. Insgesamt einen Betrag von beinahe 1.500,- €. Michael M. hatte keine Ahnung, wie diese Forderung zustande kam, und wollte sich dagegen wehren.

Er erklärte mir, dass er in der Wohnung bereits seit sechseinhalb Jahren leben würde und bislang kein TV-Gerät angemeldet hätte. Er hätte keine Ahnung, wie die GEZ nun auf ihn gekommen sei. Er hätte niemanden von der GEZ in seine Wohnung hereingelassen, und auch sonst hätte er keinen Kontakt zur GEZ oder deren Gebühreneintreibern gehabt. Allerdings habe er vor kurzer Zeit bei einer allgemeinen Umfrage mitgemacht. Man habe ihn im Rahmen dieser Umfrage nach seiner Lieblingsserie im deutschen Fernsehen gefragt, die er nie verpasst.

Es stellte sich heraus, dass bei meinem Mandanten der Nachforderungsbetrag geschätzt worden war und sich diese Schätzung auf die Dauer seines Mietverhältnisses bezog. Seit über sechs Jahren wohnte er in seiner Wohnung, deshalb gingen die GEZ-Beamten davon aus, dass auch ein Fernseher schon seit über sechs Jahren dort angeschlossen sei. – Was mitnichten der Fall war. Da hatten wir ihn schon, einen der Tricks der GEZ-Fahnder.

Weitere GEZ-Tricks

Andere GEZ-Ermittlertricks, die mir von meinen Mandanten geschildert wurden, sind:

§ Der verkleidete Radio- und TV-Fachmann: Der Fahnder klingelt im Blaumann und erklärt, die Nachbarn hätten schlechten Empfang, deswegen wolle er auch bei Ihnen kurz nach dem Rechten sehen. Lassen Sie ihn rein, weiß er Bescheid.

§ Auch ein Zeitschriften-Aboverkäufer kann ein GEZ-Mann sein. Man versucht, Ihnen ein Abo für eine TV-Zeitung zu verkaufen. Und wozu benötigen Sie diese, wenn Sie keinen Fernseher haben?

§ Auf die Frage, wie lange man einen Fernseher hat, drängt sich fast die Antwort auf: »Seit gestern.« Dies dürfte die kostengünstigste Antwort sein. Ob die GEZ-Beamten ihr allerdings Glauben beziehungsweise ein Richter dieser Angabe Glauben schenken würde, bleibt fraglich.

Achtung: Sie brauchen den Mann oder die Frau von der GEZ nicht in die Wohnung zu lassen. Diese Beamten haben kein Zutrittsrecht zu Ihrer Wohnung und schon gar kein Recht, Ihre Wohnung zu durchsuchen. Die GEZ-Leute sind auch keine Beamten, auch wenn sie sich manchmal als solche ausgeben.

Abgesehen von der persönlichen Fürsorge, die Ihnen die GEZ zuwendet, hat sie jährlich bis zu 20 Millionen Briefe versendet, in denen sie Bürger aufforderte, GEZ-Gebühren zu bezahlen. Die Adressen kaufte sie von privaten Anbietern auf. Sollten Sie von diesem Verhalten genervt sein, so können Sie selbst in die Offensive gehen und sich bei der GEZ mit folgendem Schreiben (sieh Seite 127f.) ein wenig zur Wehr setzen.

Das gilt vor allem auch nach neuestem Recht und vor allem dann, wenn die GEZ davon ausgeht, dass Sie allein in einem Haushalt leben und von Ihnen die 17,98 € monatlich haben will.

Sehr geehrte Damen und Herren,

gemäß Bundesdatenschutzgesetz (BDSG) fordere ich Sie auf, mir gegenüber unverzüglich offenzulegen, welche Daten außer der oben aufgeführten Adresse Sie über meine durch diesen Namen/diese Adresse identifizierte Person gespeichert haben. Gleiches gilt für die Quellen, aus denen sämtliche mich betreffende Daten stammen (§§ 6 Abs. 2, 28 Abs. 4, 34 Abs. 1 1 bis 3 BDSG).

mir den Verwendungszweck sämtlicher mich betreffender Daten unverzüglich gegenüber offenzulegen (§§ 34 Abs. 1, 43 Abs. 3 BDSG).

sämtliche meine Person/meine Adresse betreffenden Daten unverzüglich zu sperren und mir diese Sperrung zu bestätigen (§§ 28 Abs. 4, 30 Abs. 3, 43 Abs. 3, ferner § 4 Abs. 1 BDSG).

Des Weiteren untersage ich Ihnen jegliche zukünftige Speicherung von Daten, die meine Person beziehungsweise meine Adresse betreffen, ohne meine vorherige ausdrückliche schriftliche Genehmigung (§§ 28 Abs. 4, 4 Abs. 1, 2 BDSG).

Zudem untersage ich Ihnen die Übermittlung dieser Daten an Dritte. Für bereits an Dritte übermittelte Daten fordere ich eine unverzügliche Sperrung (§§ 6 Abs. 2, 28 Abs. 4 BDSG). Für die Erfüllung sämtlicher Forderungen von 1 bis 5 setze ich Ihnen eine Frist bis spätestens zum

(14 Tage).

> Sollte ich bis zum Ablauf des Fristdatums keine Antwort von Ihnen erhalten haben, so werde ich den zuständigen Landesdatenschutz-Beauftragten über Ihr Verhalten informieren. Des Weiteren werde ich nach Fristablauf einen Anwalt aufsuchen, mit dem ich den Klageweg besprechen werde.
>
> Mit freundlichen Grüßen
>
> (Vorname, Name)

GEZ-Gebühren

01.01.2005 bis 31.03.2005:

Hörfunkgerät:
5,32 €/mtl.

nur Fernsehgerät oder Hörfunkgerät und Fernsehgerät:
16,15 €/mtl.

01.01.2009 bis 31.12.2012:

Hörfunkgerät:
5,76 €/mtl.

nur Fernsehgerät oder Hörfunkgerät und Fernsehgerät:
17,98 €/mtl.

01.04.2005 bis 31.12.2008:

Hörfunkgerät:
5,52 €/mtl.

nur Fernsehgerät oder Hörfunkgerät und Fernsehgerät:
17,03 €/mtl.

ab 01.01.2013:

alle Gerätschaften pro Haushalt:
17,98 €/mtl.

9. Das Recht aufs Netz

Ludwig L. hatte zwar einen DSL-Anschluss für sein Internet gebucht, jedoch funktionierte dieser Anschluss auch nach zwei Wochen noch nicht. Er meldete dies seinem Anbieter, nichts geschah. Nach einer Woche musste Ludwig L. in ein Internetcafé, um die Angelegenheiten, die er über das Netz abwickelte, erledigen zu können. Niemanden wird überraschen, dass die Gebühren für den nicht funktionierenden Anschluss auf der Rechnung seines Anbieters standen.

Diesem Treiben der Provider wird nun abgeholfen. Der Bundesgerichtshof hat ein weitreichendes Urteil dazu gefällt:

Jedem, der keinen Zugang zum Internet hat, obwohl er einen Vertrag mit einem Provider hat, steht ein Schadensersatz zu. Natürlich muss er auch die Anschlussgebühren für den Zeitraum, in dem er keine Verbindung hat, nicht bezahlen. Zu guter Letzt kann er vom Provider auch den Ausgleich der Kosten verlangen, die er in einem Internetcafé hatte, um in der anschlusslosen Zeit seine Internet-Geschäfte zu erledigen.

Was nun die Höhe des Schadensersatzes angeht, so ist dieser nicht allzu hoch. Er wird sich im Rahmen der Anschlussgebühren bewegen.

Führt man sich aber die Menge der möglichen Schadensersatzforderungen einmal vor Augen, dann kann man verstehen, wenn die Provider wegen dieses Urteils ein wenig nervös geworden sind.

Merke: Jeder hat Anspruch auf ein funktionierendes Internet.

10. Der Heiratsschwindler

Uschi S. ist eine alleinstehende Frau mittleren Alters, die viel arbeitet. Sie lebt alleine, ihre Eltern sind verstorben und die einzige Verwandte, die sie noch hat, ist eine entfernte Tante. Wenn sie abends nach Hause kommt, ist niemand da. Das Fernsehprogramm um Günther Jauch und den Musikantenstadel herum ist ihre einzige Freude am Feierabend. Für die Geschäftskollegen organisiert sie die Geburtstagsgeschenke und die Kaffeekasse. Für jeden hat sie ein offenes Ohr. Nur privat will sich niemand mit ihr treffen, alle stecken in Beziehungen oder sind verheiratet.

Und so war es für Johann P. kein Problem, sich ihr Vertrauen zu erschleichen. Sie hatte ihn über das Internet kennengelernt. Johann P. gab sich dort als der galante Herr um die 45 aus, der genau wusste, was im Leben abgeht. Die beiden trafen sich, er führte sie in Restaurants aus, wusste, wie man mit den Kellern reden musste, verbrachte mit ihr ein verlängertes Wochenende im Bayerischen Wald und zeigte ihr, welch Glück es ist, in einer Partnerschaft zu leben. Nachdem er anfangs immer nur zugehört hatte, begann er dann auch etwas von sich zu erzählen. Er berichtete, dass er im Beruf etwas Pech gehabt habe, er nun sein Geld als Taxifahrer verdienen müsse und er sich völlig unterfordert fühle. Durch einen unehrlichen Geschäftspartner hätte er damals seine Selbstständigkeit verloren und warte eigentlich nur darauf, den nächsten Angriff starten zu können. Nur fehle ihm dafür das nötige Kleingeld.

Uschi S. hatte gespart. Wie konnte sie dieses Geld besser investieren als in ihre eigene Zukunft? Und diese Zukunft hieß Johann P. Er erklärte ihr, einen eigenen gastronomischen Betrieb aufbauen zu wollen und dafür rund 100.000,- € zu benötigen. Natürlich in bar. 100.000,- € waren genau das angesparte Vermögen, das Uschi S. besaß. In fünf Teilbeträgen übergab sie ihm das Geld. Nie war irgendjemand dabei, nie gab es irgendeine Quittung; das Geld gab sie ihm natürlich immer in bar.

Aber dann meldete sich Johann P. nicht mehr. Er beantwortete ihre Mails nur noch ausweichend. Er hätte gerade viel zu tun, sie hätte ihn auch enttäuscht. Er hätte von ihr mehr Unterstützung erwartet. Auch warf er ihr vor, dass sie immer nur fordere.

Irgendwann fiel Uschi S. auf, dass sie nichts von Johann P. wusste. Sie wusste weder, wo er arbeitete, noch, wo er wohnte. Auch kannte sie keinerlei Freunde von ihm. Als sie ihm dann eines Tages nachfuhr und eine ganze Nacht vor dem Haus gewartet hatte, in das er verschwunden war, sah sie ihn am nächsten Morgen mit einer anderen Frau aus dem Haus kommen. Schnell bekam sie heraus, dass Johann P. verheiratet war. Sie wollte es nicht wahrhaben, sie weinte sich drei Monate lang die Augen aus dem Kopf, bis sie zu mir kam.

Als ich Johann P. aufforderte, die 100.000,- € zurückzubezahlen, erklärte er kurzerhand, kein Geld von Uschi S. erhalten zu haben.

Uschi S. klagte nun. Den ersten Prozess verlor sie, da sie keine ausreichenden Beweise vorlegen konnte. Im Berufungsverfahren sah die Sache anders aus. Die Richter glaubten ihr. Sie bekam ihr Geld zugesprochen.

Als der Gerichtsvollzieher bei Johann P. vor dem Haus stand, legte der die eidesstattliche Versicherung ab, das heißt, er gab an, zahlungsunfähig zu sein. Erst durch eine Strafanzeige von Uschi S. und das sich anschließende Strafverfahren ist es dann gelungen, das Geld von Johann P. zurückzubekommen.

Uschi S. ist nicht die einzige Frau, die einem Heiratsschwindler aufgesessen ist. Die Geschichten darüber haben fast immer den gleichen Verlauf, und die Täter tischen immer die gleichen Geschichten auf. Zum Beispiel:

> § Er ist selbstständig, hat einen kleinen Betrieb, unzählige Kunden schulden ihm noch Geld, er hat einen finanziellen Engpass,

den er nicht zu verantworten hat, es droht Insolvenz. Die alleinstehende Frau hat Mitleid und zahlt.

§ Er, eigentlich vermögend, lebt in Scheidung. Er hat sein Geld im Ausland vor seiner habgierigen Noch-Frau versteckt und kommt deshalb nicht rechtzeitig ran, obwohl er dringend Bares braucht. Die alleinstehende Frau springt ein und zahlt.

§ Er hat einen hoch dotierten Job, sein Geld ist allerdings fest angelegt. In Kürze erwartet er noch dazu eine hohe Abfindung von seiner ehemaligen Firma. Doch nun hat sein Auto einen Totalschaden, oder aber ein schlimmer Trauerfall in der Familie zwingt ihn dazu, nach Übersee zu reisen und die Beisetzung zu organisieren. Die alleinstehende Frau hilft und zahlt.

Merke: Denken Sie immer daran, wie mühsam es war, Ihr Geld zu verdienen. Seien Sie genauso gewissenhaft beim Ausgeben. Wenn Sie schon jemandem Geld leihen, dann zahlen Sie nur über eine Bankverbindung oder lassen Sie sich zumindest das ausgeliehene Geld quittieren.

11. Ihr Vermögen und die Bank

Im Folgenden möchte ich Ihnen keine ungewohnten Vorkommnisse schildern.

Fall 1

Nachdem er sein Geld verloren hatte, kam Markus T. zu mir und schilderte mir folgendes Erlebnis:

Er hatte sich auf Anraten seines Bankers Aktien gekauft. Diese Aktien fielen vier Wochen nach dem Erwerb um 50 Prozent. Irgendein Großaktionär hatte einen Leerverkauf getätigt und eine ungeheure Menge dieser Aktien auf den Markt geworfen. Daraufhin verloren sie ihren Wert. Markus T. verkaufte aus Angst vor größeren Verlusten sofort seine Aktien.

Genau vier Wochen später lagen die Aktien 10 Prozent über ihrem alten Marktwert. Was war geschehen? Der Großaktionär, der die Unmengen Aktien auf den Markt geworfen hatte, hatte die gleiche Anzahl Aktien wieder zurückgekauft und ein Übernahmegerücht in die Welt gesetzt. Mein Mandant hatte 50 Prozent seines Anlagevermögens verloren, der »Großhändler« hatte 60 Prozent Gewinn gemacht.

Merke: Wenn Sie nicht hellsehen können, können Sie nichts dagegen tun. Sie sind dem Marktgeschehen ausgeliefert.

Fall 2

Walter M. hatte auf seinen Bankberater gehört und Schiffsfonds-Anteile erworben. Er hatte ein vertrauensvolles Verhältnis zu seinem Banker und war stolz darauf, dass ihm dieser von seinem Provisionsanspruch 2,5 Prozent erließ. Das Geschäft mit den Schiffsfonds-Anteilen erschien ihm verheißungsvoll. Die Gewinnmarge betrug jährlich 6 Prozent, und dies auch noch steuerfrei. Erst später hat er erfahren, dass die eigene Hausbank vom Fondsbetreiber 20 Prozent Provision kassiert hatte. Zählt man die netterweise erlassenen 2,5 Prozent Provision hinzu, macht dies eine normalerweise übliche Provisionszahlung in Höhe von 22,5 Prozent. Wenn man dies berücksichtigt, war es nicht verwunderlich, dass der im Prospekt verheißene Gewinn von 6 Prozent jährlich nie erreicht wurde. Dass die Bank, der er vertraute, jedoch mit diesem Geschäft einen satten Gewinn gemacht hatte, stand für Walter M. in einem krassen Missverhältnis. Er betrachtete es als eine Riesensauerei. Ein Einzellfall?

Die Zeiten sind schwierig, man hat ein wenig Vermögen angespart und sieht seine Altersvorsorge eigentlich gesichert. Was macht man nun mit dem Ersparten? Irgendjemand hat irgendwann einmal gesagt, dass die schlaueste Art der Arbeit die ist, wenn man das eigene Geld für sich selbst arbeiten lässt. Wie das nun funktionieren soll, »erklärt Ihnen die Vertrauensperson Ihrer eigenen Bank«.

Doch fragen Sie Ihren Bankberater einmal, wie viel Provision er erhält, wenn er Ihnen Anteile an einem Solarpark, Anteile an einem geschlossenen Immobilienfonds oder Anteile an einem offenen Immobilienfonds verkauft.

Fragen Sie Ihren Versicherungsvertreter, wie viel Prozent von Ihren eingezahlten Versicherungsprämien für die Verwaltung draufgehen.

Setzen Sie dies dann in Relation und beurteilen Sie selbst, ob die Ihnen versprochene Gewinnmarge von 4–6 Prozent pro Jahr möglich ist oder nicht.

Und prüfen Sie die Verträge genau, inwieweit diese Gewinnmarge garantiert ist oder ob nicht doch in einer kleinen Klausel steht, dass bei unerwarteter schlechter wirtschaftlicher Entwicklung der Ihnen versprochene Gewinn gänzlich ausfallen kann.

Merke: Trauen Sie nicht blindlings Ihrem Vermögensberater.

12. Der kostenlose Mietwagen

Eine geraume Zeit lang blockierte Herr R. aus F. an jedem Freitag die 15-Uhr-Termine bei mir. Immer hatte er irgendein Problem, für dessen Regelung er nur eine kurze juristische Beratung brauchte. Er parkte direkt hinter der Kanzlei, und schnell fiel meiner Sekretärin auf, dass Herr R. nur die nobelsten Automarken und immer die neuesten Modelle fuhr.

Nach einem halben Jahr fragte ich ihn, ob er im Automobilhandel tätig sei. Er verneinte und grinste breit, da er den Grund meiner Frage bereits ahnte. Freimütig erklärte er, dass er nur am Wochenende einen teuren Luxuswagen fahre. Und das Tollste daran sei, dass ihn dies nichts koste.

Das Ganze funktionierte wie folgt: Er ging zu den Händlern und bekundete Interesse an einer Luxuskarosse. Sehr bereitwillig wurde ihm dann von Freitag bis Sonntag ein Wagen zur Verfügung gestellt. Mit dem fuhr er mehrere Hundert Kilometer, die erste Tankfüllung war auch meist gratis. Privat fuhr er einen Kleinwagen, er sah nämlich nicht ein, für ein Auto so viel Geld zu bezahlen.

Auf meine Bemerkung, dass dies doch nicht lange gut gehen könne, da die Anzahl der teuren Autohäuser doch irgendwann erschöpft sei, erklärte er mir, dass er dann wieder von vorne anfangen würde oder aber in die Nachbarstädte ausweiche. Für dieses Vergnügen sei ihm auch eine Fahrt von bis zu 100 Kilometern nicht zu weit.

Wenn es auch nicht sehr fein erscheint: Billiger kann man ein Auto nicht fahren, und strafbar ist es auch nicht.

13. Freie Namenswahl

Dieser Fall liegt mittlerweile über 25 Jahre zurück. Ich war zum damaligen Zeitpunkt ein junger Referendar, der einem Gericht zu Ausbildungszwecken zugeordnet war. Dieses Gericht verhandelte unter anderem folgenden Fall:

Eltern wollten ihrem neugeborenen Kind den Namen *Matrei Padma* geben. Der Urkundsbeamte hatte es jedoch abgelehnt, diesen Namen ins Geburtsregister einzutragen. Es sei nicht deutlich erkennbar, ob es sich bei dem Namen um ein Mädchen oder aber um einen Jungen handelt.

Nunmehr hatte das Gericht darüber zu befinden, ob zumindest der zweite Name das Geschlecht des Kindes deutlich erkennen ließe. Dies ist eine Grundvoraussetzung.

Ich hatte ein Gutachten zu erstellen und dem Richter einen Entscheidungsvorschlag zu unterbreiten, ob das Kind, es handelte sich um ein Mädchen, nun *Matrei Padma* heißen dürfe oder nicht.

Ich war dafür und argumentierte, dass bereits der erste Vorname für mich aufgrund des Endungslautes deutlich ein Mädchen erkennen ließ. Auf jeden Fall sei aber beim zweiten Vornamen, der auf »a« endete, eindeutig erkennbar, dass es sich um einen weiblichen handelte, denn im deutschen Sprachgebrauch seien fast alle auf »a« endenden Vornamen solche von Mädchen, so bei Anna, Klara, Tatjana, Maja, Maria, Magdalena etc.

Das Gericht war jedoch anderer Meinung. Gerade die Endung »a« ließe nicht eindeutig erkennen, ob es sich um einen Jungen oder ein Mädchen handele. Der von den Eltern gewünschte Name ließe erkennen, dass er indischen Ursprungs sei, was natürlich berücksichtigt werden müsse. Und wenn man an Indien denke, fiele einem der Name Mahatma Gandhi ein, so das Gericht. Der Name Mahatma sei jedoch ein männlicher Vorname, der auf »a« ende. Das Gericht sah es deshalb als erwiesen an, dass die Endung »a« nicht eindeutig auf einen weiblichen Namensinhaber hinweise.

Das Gericht gestattete den Eltern nicht, das Kind so zu nennen, wie sie es gerne nennen wollten.

Natürlich muss man Kinder davor bewahren, dass sie mit einem Namen bedacht werden, der sie eventuell ein Leben lang der Lächerlichkeit preisgibt, wie zum Beispiel *Aprilshowers*, *Bootsstring*, *Eben-Lake*, *Hansine*, *Indigo Orion*, *Pepsi Carola*, *Petrusilius*, *Shnurpsy* oder *Xenophon*.

Merke: Wenn Sie Ihrem Kind einen Namen geben wollen, muss zumindest der zweite Vorname deutlich machen, ob es sich um einen Jungen oder ein Mädchen handelt.

14. Die gebrauchte Rückgabe

Robin W., Inhaber eines modernen Bekleidungsgeschäftes, legte mir eine Bluse auf den Tisch. Er beklagte sich darüber, dass eine Kundin diese Bluse gekauft hätte und sie nun umtauschen wollte. Grundsätzlich hätte er kein Problem damit, Kleidungsstücke umzutauschen, allerdings hätte er auf dieser Bluse einen Fleck entdeckt, der sich vorher nicht darauf befand, und so die Annahme nahelegte, dass die Dame die Bluse am Abend vorher getragen hatte. Zwischen Kauf und Rückgabe der Bluse lagen 24 Stunden.

Ich fragte ihn zunächst einmal, ob er denn überhaupt das Umtauschrecht in seinen allgemeinen Geschäftsbedingungen beinhaltet hätte. Er erklärte mir, dass dem nicht so sei und dass er wisse, grundsätzlich nicht zum Umtausch der Waren verpflichtet zu sein, aber er wolle dies eben aus Kulanz tun.

Nur zur Hintergrundinformation: Grundsätzlich ist ein Einzelwarenhändler nicht verpflichtet, einen Umtausch vorzunehmen, es sei denn, er weist in seinen allgemeinen Geschäftsbedingungen darauf hin. Was er aber auf gar keinen Fall tun muss, ist, gebrauchte Waren zurückzunehmen. Gegen eine nochmalige Anprobe eines neuen Kleidungsstückes zu Hause ist sicherlich nichts einzuwenden, wenn man zum Beispiel versucht, das neue Teil mit anderen Kleidungsstücken zu kombinieren. Wenn man dann feststellt, dass die neue Errungenschaft nicht passt oder aber farblich nicht stimmig ist, so kann man, sofern der Einzelwarenhändler dies in seinen AGBs gestattet, die Ware umtauschen. Das Kleidungsstück aber am Abend vorher zu tragen und es dann am nächsten Tag zum Umtausch vorzulegen, ist dreist. Natürlich musste Robin W. dem Wunsch der Kundin nicht nachkommen.

15. Gesetzeslücke zum Kreditantrag

Alfred S. war 70 Jahre alt. Er hatte bei einer Bank einen Kreditantrag gestellt, der jedoch mit der Begründung abgelehnt worden war, dass er aufgrund seines Alters keinen Kredit mehr erhalten würde. Ungläubig saß er nun vor mir und fragte, ob dies rechtens sei.

Nun ist es mittlerweile so, dass Menschen, die das 70. Lebensjahr vollendet haben, eine ganze Menge Einschränkungen in ihren Rechten erfahren. Diese Einschränkungen stehen nirgendwo, es gibt kein Gesetz, das diese Einschränkungen verlangt, aber sie sind in der Praxis üblich. So wird bei einer Kreditvergabe das Alter des Kreditnehmers »berücksichtigt«, und es ist in der Praxis wirklich so, dass es fast unmöglich ist, mit 70 Jahren noch einen Kredit zu bekommen – ebenso unmöglich wie die Tatsache, in dem Alter in den USA einen Mietwagen mieten zu können oder mit 70 auf einen Professorenstuhl an einer Universität gerufen zu werden.

Aber ganz so hoffnungslos ist es nicht.

Beim Kredit kann ein Bürge helfen; und wenn man ein Auto mieten möchte, kauft man den Wagen günstig und verkauft ihn nach drei Wochen wieder an den Verkäufer zurück; der Mietpreis ist die Differenz zwischen Kauf und Verkaufspreis.

Zudem erfreuen sich viele Siebzigjährige bester Gesundheit und, wie man der aktuellen Sterbetafel entnehmen kann, warten noch eine ganze Menge Jahre auf sie. Die gängige Rechtspraxis sollte deshalb doch noch einmal überdacht werden.

Sehen Sie selbst, wie viel Jahre noch auf Sie warten (rein statistisch natürlich):

Durchschnittliche Lebenserwartung in Jahren

Vollendetes Alter	männlich	weiblich
0	77,72	82,73
1	77,02	81,99
2	76,04	81,01
3	75,06	80,02
4	74,07	79,03
5	73,08	78,04
6	72,09	77,05
7	71,09	76,05
8	70,10	75,06
9	69,11	74,06
10	68,11	73,07
11	67,12	72,08
12	66,12	71,08
13	65,13	70,09
14	64,14	69,09
15	63,15	68,10
16	62,16	67,11
17	61,17	66,12
18	60,20	65,13
19	59,22	64,14
20	58,25	63,16
21	57,28	62,17
22	56,31	61,18

Vollendetes Alter	männlich	weiblich
23	55,34	60,20
24	54,37	59,21
25	53,40	58,22
26	52,43	57,24
27	51,46	56,25
28	50,49	55,26
29	49,52	54,28
30	48,56	53,29
31	47,59	52,31
32	46,62	51,32
33	45,66	50,34
34	44,69	49,36
35	43,72	48,38
36	42,76	47,40
37	41,80	46,42
38	40,84	45,45
39	39,88	44,47
40	38,93	43,50
41	37,98	42,53
42	37,03	41,57
43	36,08	40,60
44	35,15	39,64
45	34,22	38,69
46	33,29	37,74
47	32,37	36,79

Vollendetes Alter	männlich	weiblich
48	31,47	35,85
49	30,56	34,91
50	29,67	33,98
51	28,79	33,06
52	27,92	32,13
53	27,06	31,22
54	26,21	30,31
55	25,37	29,41
56	24,54	28,51
57	23,72	27,62
58	22,90	26,73
59	22,10	25,84
60	21,31	24,96
61	20,53	24,10
62	19,76	23,23
63	18,99	22,38
64	18,23	21,53
65	17,48	20,68
66	16,74	19,84
67	16,01	19,01
68	15,30	18,18
69	14,58	17,35
70	13,89	16,53
71	13,20	15,72
72	12,52	14,92

Vollendetes Alter	männlich	weiblich
73	11,86	14,13
74	11,21	13,36
75	10,58	12,60
76	9,97	11,87
77	9,38	11,15
78	8,82	10,45
79	8,28	9,78
80	7,77	9,13
81	7,28	8,51
82	6,81	7,91
83	6,36	7,34
84	5,93	6,80
85	5,52	6,29
86	5,13	5,81
87	4,76	5,37
88	4,43	4,96
89	4,12	4,58
90	3,84	4,25
91	3,56	3,94
92	3,32	3,68
93	3,10	3,43
94	2,89	3,19
95	2,71	2,97
96	2,54	2,78
97	2,38	2,60

Vollendetes Alter	männlich	weiblich
98	2,23	2,43
99	2,10	2,28
100	1,98	2,14

(Quelle: Periodensterbetafeln 2009-2011, Statistisches Bundesamt, Wiesbaden 2012, S. 15-18)

16. Polizei-Inkasso

Eigentlich war Gert K. zu mir gekommen, weil er sich wegen seiner anstehenden Scheidung beraten lassen wollte. Irgendwie kamen wir jedoch auf seinen Einzelhandelsbetrieb zu sprechen. Er berichtete, dass er hin und wieder Probleme mit zahlungsunwilligen Kunden hätte, im Endeffekt stelle dies für ihn aber kein Problem dar, da die Polizei ihm immer zu Hilfe käme.

Als er meinen fragenden Blick sah, verneinte er. Nein, er würde keine Strafanzeigen gegen die Schuldner erstatten. Davon hätte ihm der Polizeibeamte aus dem Ort abgeraten. Nicht nur deshalb, weil solche Strafanzeigen für die Polizei erhebliche Arbeit bedeuten – sie müssen den Sachverhalt ermitteln, eventuell Zeugen befragen, Akten durchforsten und so weiter und so fort. Oftmals bringen solche Strafanzeigen aber auch nicht das gewünschte Ergebnis, denn erstens könne so keine Bezahlung erreicht werden – dies gelingt nur durch ein Zivilrechtsverfahren, das heißt durch eine Klage. Zweitens werden rund zwei Drittel aller Strafanzeigen in Deutschland eingestellt. Aus diesen Gründen hätte der Polizeibeamte selbst das Inkasso für ihn übernommen. Das lief dann immer so ab, dass er dem Polizeibeamten Ort und Namen des Schuldners mitteilte, der würde dann entweder bei diesem anrufen oder sogar vorsprechen und die Zahlung der offenen Rechnungen verlangen.

Zwischen den beiden schien dieser Geschäftsvorgang völlig normal zu sein, und mein Mandant wirkte sehr erstaunt, als ich ihn darauf hinwies, dass dieser Inkassodienst nicht die ureigenste Aufgabe der Polizei und eigentlich auch für den Beamten verboten sei. Irgendwie verstand mein Mandant meine Kritik nicht und erklärte mir, dass er dem Polizeibeamten auch immer ein tolles Weihnachtsgeschenk zukommen lassen würde. Das wiederum konnte ich nun überhaupt nicht mehr verstehen und fragte, ob der Beamte das Geschenk denn annehmen würde? Mein Mandant entgegnete mir völlig erstaunt: »Wieso, da lass ich mich doch nicht lumpen, das sind tolle Geschenke.«

Ganz offensichtlich gibt es in Deutschland Gegenden, in denen die Welt noch in Ordnung ist. Dieser kleine Ort, in dem der Polizeibeamte und der Einzelhändler so harmonisch miteinander zusammenarbeiten, scheint dazuzugehören. Denn niemand hat sich jemals über diese Praxis beschwert. Offenbar ist es für Gläubiger wie für Schuldner völlig normal, dass der Polizeibeamte nicht nur für Recht und Ordnung sorgt, sondern auch dafür, dass alle Rechnungen bezahlt werden. – Oder gehört das sogar dazu?

17. Hari S. und das alte Haus

Hari S. hatte sich gleich in das Haus verliebt. Schon das Exposé des Maklers hatte ihn so gut wie überzeugt, und als er das Haus dann zur ersten Besichtigung betrat, war die Sache für ihn perfekt. Später allerdings, als er schon eingezogen war, erfuhr er, dass das Haus nicht wie vom Makler angegeben 30 Jahre alt war, sondern 50 Jahre. So schnell, wie er sich entschieden hatte, das Haus haben zu wollen, so schnell entschied er sich nun, das Haus wieder loszuwerden. Er verlor die Freude am »Objekt« und fühlte sich betrogen. Deswegen wollte er den Kaufvertrag rückgängig machen, er wollte sein Geld wiederhaben, wollte die Maklerkosten zurück und die Grunderwerbssteuer und auch seine Auslagen erstattet bekommen. Da sich der Verkäufer bei seinen Forderungen querstellte, kam er zu mir.

Der Verkäufer behauptete, dass er nie irgendwelche Altersangaben zum Haus angegeben hätte. Auch hätte Hari S. nie nach dem Alter des Hauses gefragt. Aber wie schnell herauszufinden war, hatte der Makler Angaben gemacht. Er hatte in seinen Inseraten, sowohl im Internet als auch in der Zeitung, das Haus mit Nennung seines Alters angepriesen.

Das war's. Die Angabe des Baujahres eines Hauses stellt eine zugesicherte Eigenschaft dieses Hauses dar. Sogar wenn der Verkäufer selbst keine Angaben zum Alter des Kaufobjektes macht, so haftet er für den von ihm beauftragten Makler – egal, ob dieser die Angabe nun wissentlich falsch gemacht hat oder nur fahrlässig. Wie sich herausstellte, hatte der Makler ganz genau gewusst, wie alt das Haus war, und geglaubt, das Haus besser verkaufen zu können, wenn er das wahre Alter verschweigt.

Das Recht war auf der Seite von Hari S. Deswegen wurde nicht nur der Kaufvertrag rückgängig gemacht, Hari S. erhielt neben dem Kaufpreis auch die von ihm bezahlten Maklerkosten, die Grunderwerbssteuer und auch seine Auslagen erstattet. Und der Makler machte ein langes Gesicht, als der Verkäufer von ihm Schadensersatz verlangte.

Wie sagt man so schön: »Lügen haben kurze Beine.«

Merke: Heben Sie beim Haus- oder Wohnungskauf unbedingt auch das Informationsmaterial des Maklers auf!

18. Horrorpreise am Wochenende

Martin W. hatte intensiv gefeiert und dabei war ihm irgendwie sein Haustürschlüssel abhanden gekommen. Als er nun am Sonntagmorgen vor seiner verschlossenen Tür stand, blieb ihm nichts anderes übrig, als den Schlüsseldienst zu rufen, damit der ihm sein Heim aufschloss.

Das böse Erwachen kam vier Tage später mit der Rechnung des Schlüsseldienstes ins Haus geflattert. Der Schlüsseldienst verlangte für seine Leistung den außerordentlich stolzen Preis von über 800,- €. Martin W. wollte diesen Betrag nicht bezahlen und kam deshalb zu mir.

Die Forderung des Schlüsseldienstes war eindeutig ein Wucherpreis. Aber mein erster Versuch, die Sache telefonisch zu regeln, scheiterte. Der Mitarbeiter des Schlüsseldienstes lehnte jeglichen Einigungsversuch ab. So ließen wir es auf eine Klage ankommen.

Das Gericht stellte sehr schnell und eindeutig fest, dass Martin M. zu einer Zahlung dieser Rechnung nicht verpflichtet sei und wies die Klage ab. Der Schlüsseldienst erhielt noch nicht einmal einen Teilbetrag seiner Rechnung zugesprochen, da er keine ordnungsgemäße Rechnung gestellt hatte. Dafür legte das Gericht fest, dass der Schlüsseldienst nicht nur die Gerichtskosten, sondern auch unsere Anwaltskosten zahlen musste.

Nichtsdestotrotz hatte der Schlüsseldienst aber eine Arbeitsleistung erbracht und dafür auch Anspruch auf einen Lohn. Nach Ermittlung des normalen Stundensatzes und eines angemessenen Feiertagszuschlags hat Martin W. dann rund 300,- € bezahlt und vom Wucherschlüsseldienst nichts mehr gehört.

Merke: Wehren Sie sich! Sie müssen keine Wucherpreise bezahlen!

Kapitel 5
Mietrecht

1. Vertrag ohne Vertrag

Vor mir saß eine vierköpfige Familie, die Eltern und ihre beiden Kinder, ein und drei Jahre alt. Sie berichteten, dass sie vor circa einem Jahr in eine Mietwohnung eingezogen seien. Sie seien dem Vermieter auch äußerst dankbar gewesen, da dieser ihnen die Wohnung ohne jegliche Prüfung ihrer Bonität überlassen hatte. Sie seien zum damaligen Zeitpunkt beide arbeitslos gewesen und hätten dieses Verhalten des Vermieters als großes Entgegenkommen betrachtet. Zwar hätte ihnen der Vermieter gesagt, dass sie sofort ausziehen müssten, wenn er die Wohnung bräuchte, da sie aber damals extrem in Not waren, kam ihnen diese Auflage gar nicht so nachteilig vor.

Nun aber war es so weit, der Vermieter hatte ihnen gesagt, dass er die Wohnung bräuchte und sie sofort ausziehen müssten. Manuela S. und ihr Freund glaubten, dass sie kaum eine Chance hatten. Sie erklärten mir, dass sie keinen Mietvertrag hätten und der Vermieter sie deshalb jederzeit rauswerfen könne. Sie wollten ja auch aus der Wohnung ausziehen, aber es ging ihnen darum, dass ich für sie einen Aufschub von einer Woche erreichte, damit es ihnen möglich sei, eine Ersatzwohnung zu finden.

Ich fragte sie, ob sie denn mit der Wohnung zufrieden seien und ob sie überhaupt ausziehen wollten? Die Wohnung würde eigentlich ihren Bedürfnissen entsprechen, es sei ein ruhiges Haus, und es würden nur sechs Parteien im Haus wohnen, erhielt ich zur Antwort.

Ich setzte mich mit dem Vermieter in Verbindung und teilte ihm mit, dass ich nun in dieser Angelegenheit mandatiert sei. Das Erste, was ich von ihm hörte, war, dass meine Mandanten ein »undankbares Pack« seien und ich schon sehen würde, was ich von derlei Mandanten hätte.

Nun erlebt man es als Anwalt häufiger, dass die Gegenseite einem erklären will, dass der eigene Mandant nicht nur lügt, sondern zu der Sorte Mensch gehört, für die es sich nicht lohnt, irgendeinen Einsatz zu bringen. Offen gesagt hat mich eine jahrzehntelange Erfahrung gelehrt, dass dies in den allerwenigsten Fällen so ist.

Aber zurück zu diesem Fall. Als ich den Vermieter nun fragte, warum er denn wolle, dass meine Mandanten ausziehen, antwortete er mir, dass er die Wohnung für andere Zwecke benötige. Er hätte Freunde, und diese sollten nun in die Wohnung einziehen, er hätte es ihnen versprochen. Zudem hätten meine Mandanten keinen Mietvertrag, weshalb sie völlig rechtlos dastünden.

Als ich versuchte, dem Vermieter zu erklären, dass zwischen ihm und meinen Mandanten ein Vertrag zustande gekommen sei, auch wenn es keinen schriftlichen Vertrag gebe, legte er den Hörer einfach auf. Es war weder möglich, mit ihm eine Verständigung zu erreichen, noch war es möglich, mit ihm ein vernünftiges Wort zu wechseln. Er war tatsächlich der Auffassung, dass er ohne jegliche Einschränkungen die Wohnung an wen auch immer und zu welchen Konditionen auch immer vermieten könne.

Wir zogen vor Gericht. Dort haben wir feststellen lassen, dass meine Mandanten einen gültigen Mietvertrag besaßen. Wenn sich nämlich Vermieter und Mieter darüber einig werden, dass der eine die Wohnung bewohnen soll und dafür ein gewisses Entgelt bezahlt, ist ein Mietvertrag zustande gekommen, ob es nun einen schriftlichen Mietvertrag gibt oder nicht. Die mündliche Vereinbarung reicht völlig aus.

So konnten meine Mandanten noch zweieinhalb Jahre in der Wohnung wohnen bleiben. Sie zogen erst aus, als sie eine größere Wohnung brauchten und diese auch bezahlen konnten.

Merke: Ein rechtsgültiger Mietvertrag kann auch mündlich geschlossen werden!

2. Der Eigenbedarf

Stellen Sie sich vor, Sie haben einen Mieter im eigenen Haus. Dieser Mieter verhält sich Ihnen gegenüber respektlos, er benimmt sich im Haus so, als wäre er der Eigentümer und lässt Sie dies auch spüren. Sie haben keine Lust mehr, mit diesem Mieter im eigenen Haus zu leben und wollen ihn loswerden.

Die Frage ist nur: Wie?

Genauso ist es Kai K. gegangen. Er hatte seinem Mieter gekündigt, die Frist hatte er angemessen berechnet, der Mieter zog jedoch nicht aus. Nun saß Kai K. vor mir und wollte wissen, wie er den Mieter loswerden könne. Da die Vorkommnisse nicht für einen Kündigungsgrund reichten, fragte mich Kai K., ob er dem Mieter nicht wegen Eigenbedarf kündigen könne. Ich machte ihn darauf aufmerksam, dass er an den Mieter eventuell Schadensersatz bezahlen müsse, wenn er eine unberechtigte Eigenbedarfskündigung aussprechen würde. Kai K. ängstigte das nicht. Natürlich gelte es, eine Schadensersatzforderung zu vermeiden, erklärte er, aber auf die Mieteinnahmen sei er nicht angewiesen. Er wollte die Wohnung lieber leer stehen lassen, als weiterhin mit diesem Mieter in seinem Haus wohnen zu müssen.

Als ich ihm erklärte, dass vom Gericht überprüft werde, ob er tatsächlich einen eigenen Bedarf an der Wohnung habe, kam er auf die Idee, die Wohnung an seinen Bruder zu vermieten. Ich machte ihn darauf aufmerksam, dass ein solches Mietverhältnis auch wirklich Bestand haben müsse.

So erhoben wir eine Räumungsklage, die wir mit dem Eigenbedarf für den Bruder begründeten, und hatten Erfolg damit. Der unliebsame Mieter musste ausziehen. Zu einem Schadensersatzprozess kam es nicht, auch wenn der unliebsame Mieter dies mehrmals versuchte. Er vermutete, dass der Mietvertrag mit dem Bruder zum Schein abgeschlossen worden war, konnte das aber nie beweisen. Kai K. hatte einen Mietvertrag, und auch den Eingang der Mieten konnte er nachweisen. Warum die Vorhänge über Jahre zugezogen waren, blieb sein Geheimnis.

3. Die benachteiligte Mieterin

Martina S. war alleinerziehende Mutter einer 3-jährigen Tochter und eines 5-jährigen Sohnes. Sie saß völlig verzweifelt vor mir und berichtete, dass ihr Vermieter trotz mehrfacher Bitte weder dafür sorgte, dass die Heizung im Kinderzimmer funktionierte, noch, dass sie warmes Wasser hätten. Seit acht Wochen würde er schon nichts tun. Sie hätte den Vermieter mehrfach darum gebeten, Abhilfe zu schaffen. Das heiße Wasser für das allabendliche Bad der Kinder bereite sie mittlerweile auf dem Herd vor.

Ich fragte Frau S., ob sie die Miete bereits gemindert hätte. Sie erklärte mir, dass sie dies nicht tun möchte, da sie die Wohnung nicht verlieren wolle.

Die Angst von Frau S., die Wohnung zu verlieren, teilt sie mit vielen anderen Mietern. Aber diese Angst ist völlig unbegründet. Der Vermieter hat das Mietobjekt zum vertraglichen Zwecke bereitzustellen. Der »vertragliche Zweck« bedeutet, dass der Mieter die Wohnung zu Wohnzwecken nutzen können muss. Dazu gehört eine funktionierende Heizung und auch warmes Wasser. Wenn die Mietwohnung diese Voraussetzung nicht erfüllt, so mindert sich die Miete automatisch. Das heißt, der Mieter kann die normale Miete entsprechend dem Grad der Nutzungseinschränkung reduzieren. Wie hoch die entsprechende Mietminderung bei bestimmten Einschränkungen ist, lässt sich in der nachfolgenden Auflistung nachlesen.

Lassen Sie sich nicht irritieren, wenn in der Liste manche Mängel mehrfach aufgeführt und teils unterschiedliche Minderungsquoten genannt sind. Das liegt zum einen am Grad der Beeinträchtigung, zum anderen auch daran, dass Gerichte in ihren Wertungen voneinander abweichen.

Mängel Mietminderung in %

Ausfall der Sprechanlage

a) 1–5 % bei defekter Gegensprechanlage

b) 3 % bei defekter Wohnungsklingel

c) 2–10 % bei defekter Klingel- und Gegensprechanlage

Badewanne

a) 3 % bei defektem Abfluss

b) 20 % bei Unbenutzbarkeit

c) 24 %, wenn der Gebrauch der Badewanne durch eine neue Hausordnung auf wenige Stunden in der Woche eingeschränkt wird (woran man sich im Übrigen nicht halten muss)

Balkon

a) 3 % bei Unbenutzbarkeit wegen Reparaturbedürftigkeit

b) 2 % bei Schwergängigkeit der Balkontür (breiter Riss)

Bauarbeiten

a) 15 % bei Straßenbaumaßnahmen

b) 10–20 % bei Baulärm aufgrund des Baus einer ICE-Trasse

c) 80 %, wenn umfangreiche Bauarbeiten im Haus wie zum Beispiel Dachgeschossausbauten vorgenommen werden

d) 100 %, wenn umfangreiche Bauarbeiten zum Teil auch in der Mietwohnung stattfinden

Beschimpfung

10 %, wenn man vom Hauswart beschimpft wird

Bodenbeläge

a) 4,65 %, wenn sich der Teppichboden vom Untergrund löst

b) 15 % bei tatsächlicher Stolpergefahr aufgrund des Teppichbodens

c) 0 %: Knarrende Dielen und unebene Fußböden sind bei Altbauten kein Mangel!

Briefkasten

a) 1 % bei Funktionsuntüchtigkeit

b) 0,5 % bei zu kleinem Schlitz

Dachgeschossausbau

33 % für die darunterliegende/n Wohnung/en

Durchlauferhitzer

3 %, wenn er nicht kontinuierlich Warmwasser liefert

Dusche

a) 5 %, wenn kein Warmduschen ohne Störung möglich ist

b) 16 % bei Nichtfunktionsfähigkeit der Dusche

c) 33 %, wenn die einzige Bade- und Duschmöglichkeit nicht funktioniert

Einsturzgefahr der Wohnzimmerdecke

a) 30 %, wenn das Wohnzimmer nicht mehr benutzt werden kann

b) 20–30 % bei Deckendurchbruch

Fahrstuhl

10 %, wenn er ausfällt

Fenster (undicht)

a) 5 % bei Nässeschäden

b) 20 % bei defektem Fenster

c) 20 % bei Schimmelbildung

d) 3 % bei Mangelhaftigkeit des Schlafzimmerfensters

e) 5 % bei blinder, feuchtigkeitsbeschlagener Isolierglasscheibe

f) 5 % bei Luftdurchlässigkeit und schlechter Schließbarkeit

Fernsehempfang

10 % bei erheblichen Störungen

Feuchtigkeit

a) 20 %, wenn es in der Wohnung feucht ist

b) 5 % bei einem Feuchtigkeitsfleck

c) 20 %, wenn sich Tapeten lösen und verfärben

d) 20 % bei Deckenfeuchtigkeit im Wohnzimmer

e) 50 %, wenn die Wände feucht sind

f) 25 % bei Schimmelbildung und Feuchtigkeitsflecken in zwei Räumen

g) 80 % bei Feuchtigkeit in Küche, Wohn- und Schlafzimmern (Aufenthalt nahezu unmöglich)

h) 100 %, wenn die Wohnung zum Wohnen nicht mehr geeignet ist aufgrund von Luftfeuchtigkeit und Gestank

i) 10 % bei Feuchtigkeit in den Kellerräumen

j) 100 %, bei Durchfeuchtung der Wände und Rattenbefall im Umfeld

k) 50 % bei schweren Feuchtigkeitsschäden wie z. B. Tropfwasser an der Decke und nasser Teppichboden

Fliesenfugen

2 %, wenn Fugen herausbrechen

Gestank

7 % bei Essensgerüchen aus anderen Wohnungen (durch den Küchenfußboden)

Hausbeleuchtung

1 %, wenn sie defekt ist

Haustiere

15 % bei Belästigung durch streunende Katzen, die vom Nachbarn angelockt werden

Heizungsausfall

a) 5 % bei Ausfall in den Wintermonaten bei lediglich 18 Grad

b) 13 % bei ungenügender Beheizung bis 17–18 Grad

c) 20 % bei fehlender Beheizung in der Küche

d) 50 % bei mangelhafter Beheizbarkeit während der Heizperiode

e) 75 % bei völliger Unbeheizbarkeit

f) 100 % bei völligem Ausfall während der Heizperiode

g) 17 % bei Klopfgeräuschen in der Heizung

h) 50 % bei Ausfall im Sommer bei 13–17,5 Grad Außentemperatur

Küchenherd

2 % bei mangelnder Funktionstüchtigkeit

Lärm

a) 3–20 % bei Baulärm vom Nachbargrundstück

b) 35 % bei Lärmbelästigung durch eine benachbarte Großbaustelle

c) 5 % bei Ladetätigkeit für ein Geschäft im Hofbereich

d) 5 % bei Trittschallgeräuschen aus der darüberliegenden Wohnung

e) 10 % bei nächtlichem Lärm von einem Garagentor

f) 10 % bei hörbarem Einwurf von Glasflaschen

g) 10 %, wenn das Hauptwasserrohr zu laut ist

h) 10 % bei vermeidbarem Lärm von Kindern während der Ruhezeiten

i) 20 % bei häufigem und lautstarkem Feiern anderer Mieter

j) 30 % bei Lärm aus einer Diskothek

k) 50 % bei erheblichem Lärm in der Nacht und lautstarker Musik aus einer Wohngemeinschaft im selben Haus

Optische Beeinträchtigungen

a) 2 % bei schadhafter Farbe der Heizungsrohre

b) 5 % bei verschiedenfarbigen Badezimmerfliesen

Prostitution im Haus

a) 10 %, wenn sich im Erdgeschoss ein Bordell befindet

b) 15–30 % bei Bodellbetrieb im Haus

Schadstoffe

a) 50 % bei Ausdünstungen aus PVC

b) 56 % bei Formaldehyd-Belastung und überhöhten Formaldehyd-Konzentrationen in zwei wichtigen Zimmern (Schlaf- und Kinderzimmer)

Spüle

5 %, wenn die Spüle undicht ist

Stromversorgung

a) 100 % bei vollständigem Ausfall der Elektrik

b) 50 %, wenn sich ein asbesthaltiger Elektronachtspeicherofen in der Wohnung befindet

Treppenhaus

a) 10 % bei optischem Mangel (Eindruck einer Baustelle: Farbe blättert ab, Kellertreppe ist beschmiert)

b) 2,5 % bei Stolpergefahr

c) 5 %, wenn das Treppenhaus ausgesprochen schmutzig ist

U-Bahnbau

20 % bei Bau in der Nähe des Hauses

Ungeziefer

a) 15 % bei starkem Befall von Silberfischchen

b) 25 % bei Mottenbefall in der Wohnung

Warmwasserversorgung

20 %, wenn sie ausfällt

WC-Räume

a) 38 % bei Abfluss-Stau mit übel riechendem Abwasser

b) 50 %, wenn die Toilette unbenutzbar ist

c) 7 %, wenn der Zugang zum 2. WC verwehrt ist

d) 5 % bei Defekt der Absaugvorrichtung

e) 10 % bei Entlüftung des WCs über die Küche

f) 15 % bei unzureichender Toilettenspülung

g) 5 % bei Fäkalienrückfluss im WC

h) 80 %, wenn das einzige WC nicht benutzbar ist

i) 1 %, wenn die Toilettenspülung zu stark ist

j) 5 % bei Wasserschaden im Bad

k) 2 % bei undichtem Abflussrohr des Handwaschbeckens

Zustand einer Hochhausanlage

5 % bei Verschmutzung und ungepflegtem Zustand

(Diese Auflistung ist eine Zusammenstellung von einzelnen Minderungspositionen, die deutsche Gerichte bei unterschiedlichen Fällen festgesetzt haben.)

Der Mieter ist allerdings verpflichtet, den Vermieter auf bestehende Mängel in der Wohnung aufmerksam zu machen, sodass dieser die Möglichkeit hat, die Mängel zu beheben.

Auch sollten Sie sich natürlich vergewissern, dass Sie selbst nicht der Verursacher der Mängel sind. Dies ist zum Beispiel ein häufiges Problem bei Feuchtigkeitsschäden in der Wohnung. Hier halten viele Vermieter zum Teil auch berechtigt entgegen, dass der Mieter seiner Verpflichtung zur Lüftung der Wohnung nicht ausreichend nachkommt.

Als grobe Faustformel kann man sich bei einer Mietminderung immer merken, dass sich die Miete um so viel reduziert, wie die Wohnung weniger nutzbar ist.

Merke: Keine Angst vor dem Unmut des Vermieters, bestehen Sie auf Ihrem Recht als Mieter, die Gerichte schützen Sie.

4. Martina S. und die Nebenkosten

Zu einem Gespräch mit mir brachte Martina S. ihre Nebenkostenabrechnung mit.

Als ich mir die Abrechnung genauer ansah, waren dort einige Punkte aufgeführt, die Anlass zur Beanstandung gaben. So waren in dieser Nebenkostenabrechnung Reparaturkosten als Wartungskosten aufgeführt. Diese kann der Vermieter natürlich nicht vom Mieter verlangen. Reparaturkosten muss der Vermieter alleine tragen, es sei denn, es findet sich eine andere vertragliche Vereinbarung im Mietvertrag wieder. Immer häufiger fällt bei Prüfungen von Nebenkostenabrechnungen auch auf, dass dort Verwaltungskosten aufgelistet sind. Der Vermieter kann seine Kosten für die Verwaltung nicht dem Mieter auferlegen. Auch hier konnte Martina S. Geld zurückverlangen. Und ein Posten wie »Sonstiges« hat ebenfalls nichts in einer Nebenkostenabrechnung verloren. Bei Martina S. hatte der Vermieter versucht, 156,- € im Jahr für diesen Posten geltend zu machen. Auch diese 156,- € erhielt Martina S. zurück.

Übrigens: Achten Sie bei der Nebenkostenabrechnung auch darauf, dass die Betriebskosten für leer stehende Wohnungen im Haus nicht auf die restlichen Mieter umgelegt werden. Steht eine Wohnung im Haus leer, so muss der Vermieter die anfallenden Betriebskosten selbst tragen.

Merke: Folgendes hat also in einer Nebenkostenabrechnung nichts verloren:

- § Reparaturkosten
- § Verwaltungskosten
- § Sonstiges

Es sei denn, dass Sie sich ausnahmsweise zur Übernahme explizit bereit erklärt haben.

5. Der Mieter, der es eilig hat

Hartmut G. zeigte mir das Schreiben seines Mieters, der ihm mitteilte, dass er zwar einen Mietvertrag für noch weitere zwei Jahre hätte, er aber früher ausziehen wolle und drei Nachmieter gestellt hätte. Deshalb bräuchte er sich nicht an die Vertragslaufzeit und die Kündigungsfrist zu halten. Auch zahle er die nächsten drei Monatsmieten nicht mehr. Da er ja ausziehe, werde er sie gleich mit der gezahlten Kaution aufrechnen.

Mein Mandant regte sich furchtbar auf. Er war der Meinung, dass der Mieter die Kaution nicht vor Mietzeitende mit weiteren Mietzinsverpflichtungen gegenrechnen könne, auch hätte er keine Lust, sich auf einen vom Mieter vorgeschlagenen Nachmieter einzulassen.

Das Gericht sah es genauso. In einem relativ raschen Verfahren erhielten wir ein Urteil, in dem meinem Mandanten die offenstehenden drei Mieten zugesprochen wurden. Zudem wurde festgestellt, dass das Mietverhältnis so lange Bestand hat, wie es im Mietvertrag vereinbart wurde. Denn wenn sich der Mieter auf eine vereinbarte Vertragslaufzeit verlassen können muss, so hat der Vermieter das gleiche Recht und muss sich auch auf die Zeitdauer des geschlossenen Vertrags verlassen können.

Merke: Der Vermieter muss sich nicht auf einen Nachmieter einlassen. Der Mieter darf keine Mieten einbehalten, um sich vor Auszug die gezahlte Kaution zurückzuholen.

6. Kein Anspruch auf weiße Wände

Wilhelm L. hatte einige Jahre in seiner Mietwohnung gelebt. Nun war er ausgezogen und hatte seiner Meinung nach die Mietwohnung in einem Topzustand an seinen Vermieter zurückgegeben. Die Wohnung war frisch gestrichen, und es gab eigentlich nichts zu meckern. So glaubte zumindest Wilhelm L. Sein Vermieter war da aber anderer Auffassung. Er war mit der Farbe unzufrieden, mit der Wilhelm L. die Wohnung gestrichen hatte. Wilhelm L. hatte während seiner Mietzeit die Wohnung natürlich nach seinen Vorstellungen gestaltet und sie in einem hellen Beigeton gestrichen. Und genau so hatte er die Wohnung auch seinem Vermieter zurückgegeben.

Der Mietvertrag zwischen beiden Parteien war ein Formularvertrag, wie er in den meisten Mietverhältnissen verwendet wird. Und in diesem Formularvertrag stand, dass die Wohnung mit weißen

Wänden zurückgegeben werden müsse. Darauf bestand der Vermieter nun.

Aber er hatte Pech. Die Rechtsprechung hat erst vor kurzer Zeit entschieden, dass eine vorformulierte Klausel, in der der Mieter verpflichtet sei, die Wohnung nach Ende der Mietzeit weiß gestrichen zurückzugeben, den Mieter benachteilige und deshalb ungültig sei. Das Gericht erklärte weiter, dass eine solche Klausel die Gestaltungsfreiheit des Mieters in einer Weise einschränke, die nicht durch berechtigte Interessen des Vermieters gerechtfertigt sei und den Mieter deshalb unangemessen benachteilige.

Der Vermieter hatte lediglich Anspruch darauf, die Wohnung in einem »Dekorationszustand« zurückzuerhalten, der dem Geschmack eines größeren Interessentenkreises entspricht und eine rasche Weitervermietung möglich macht. Genau dies war auch bei einem hellen Beigeton gegeben.

Der Vermieter gab sich geschlagen, als wir ihm diese Entscheidung vorlegten.

Merke: Es muss nicht alles gültig sein, was in einem Mietvertrag steht!

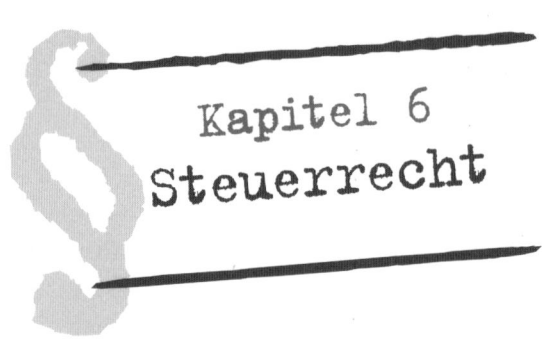

Kapitel 6
Steuerrecht

1. Die Steuertricks der Großen

Sie versuchen, Ihre Altersvorsorge mit einer zweiten Säule sicherzustellen, Sie lassen sich von Ihrem Bankberater informieren, Sie lesen Artikel im *Focus*, *Spiegel* und im *Stern*. Sie sind ein wenig desillusioniert. Sie wissen genau, Sie sind »der kleine Mann, der immer draufzahlt«.

Aber wie machen das die anderen? Wie werden die Millionen aus Drogengeschäften, Steuerhinterziehungen oder Waffenhandel denn angelegt?

Alternative 1

Die Banken sind gehalten, jede Bargeldeinzahlung von über 15.000,- € zu melden. Also werden nur noch Beträge zwischen 4.000,- € und 5.000,- € in bar einbezahlt. Natürlich ist dies bei Millionenbeträgen ein ungeheurer Aufwand. Aber bei derartigen Summen lassen sich gleich mehrere Leute damit beauftragen, die Gelder auf unterschiedlichen Konten einzuzahlen.

Alternative 2

Das Restaurant, das nie einen Besucher hat und sich dennoch rechnet. Was ist daran strafbar, wenn man täglich Umsätze von 10.000,- € beim Finanzamt angibt und dafür auch noch Steuern bezahlt, obwohl die Umsätze maximal 600,- € am Tag betragen? Was ist strafbar daran, wenn man mehr Geld versteuern will, als man tatsächlich versteuern muss? – Eigentlich nichts, aber der Hintergrund ist folgender:

Die zu versteuernden Einnahmen in einem solchen Betrieb lassen sich leicht auf 300.000,- € monatlich und 3.600.000,- € jährlich feststellen. Natürlich geht davon noch das Gehalt des Geschäftsführers, der Angestellten etc. ab. Vielleicht bleibt am Ende ein zu versteuernder Gewinn von 1.800.000,- €. Dafür sind dann Steuern zu zahlen in Höhe von rund 50 %, somit 900.000,- €.

Der Effekt ist aber, dass offiziell 2.700.000 € wieder legal in die Wirtschaft zurückgeführt werden können. Geld, mit dem man nun ganz legale Anlagen erwerben kann, wie zum Beispiel Immobilien oder Anteile an großen Fonds, das heißt, es gibt für dieses Geld Anlagemöglichkeiten, die man mit Schwarzgeld niemals hätte finanzieren können!

Alternative 3

Auch im Ausland haben sich die Banken verpflichtet, größere Bargeldeinzahlungen von über 15.000,- € beziehungsweise 20.000,- € auf deren Herkunft zu überprüfen. Niemand wird sich dort beschweren, wenn Sie kleinere Bargeldbeträge zwischen 4.000,- € und 5.000,- € einzahlen. Auch dann nicht, wenn Sie dies jeden Tag tun.

Zwar haben die Zöllner Luxusautos im Visier und achten auf Kennzeichen weiter entfernt liegender Städte. Aber das wissen die schlauen Anleger bereits und leihen sich Autos mit den Kennzeichen der deutschen Grenzstädte. Ein Anwaltskollege berichtete mir von einem Mandanten, der einen größeren Bargeldbetrag in die Sonnenblende seines Autos eingenäht hatte, die dann so schwer war, dass sie am Himmel des schwarzen 500 SL festgenäht werden musste. Doch der Pkw hatte ein Wiesbadener Kennzeichen, das machte die Zöllner aufmerksam. Sie fanden das Geld, es wurde beschlagnahmt, und der Mandant kam in Haft. Es war nicht sein erster Versuch.

Bedenken Sie: Lohnt es sich, mit dem Gesetz in Konflikt zu kommen, lohnt sich eventuell eine Haftstrafe, nur um Steuern in Deutschland zu sparen?

Nachfolgend die angeblichen Steuerparadiese:

§ In der Schweiz erhebt man auf Ihre Zinserträge eine anonyme Steuer in Höhe von 15 %, für Dividenden fallen 35 % an.

§ In Luxemburg werden ebenfalls 15 % Steuern auf Ihre Sparzinsen erhoben. Die Spekulationsgewinne deutscher Bürger sind in Luxemburg steuerbefreit.

§ Haben Sie es geschafft, einen Wohnsitz in Monaco zu ergattern, dann zahlen Sie keine Steuern auf Dividenden und Spekulationsgewinne. Sind Sie kein Inländer, so bezahlen Sie auf Sparzinsen 15 %, der Einkommenssteuersatz liegt bei 0 %.

§ In Andorra werden 15 % Steuern auf Sparzinsen als anonyme Quellensteuer erhoben, eine Einkommenssteuer gibt es nicht.

§ Auf Gibraltar gibt es mehr Briefkastenfirmen als Einwohner. Steuerbefreite Firmen aus dem Ausland zahlen einen festen Jahressteuersatz zwischen 350,- € und 500,- €, allerdings meldet Gibraltar Zinserträge von Privatleuten an die heimische Finanzbehörde.

§ Auf der Isle of Man bezahlen Ausländer 15 % anonyme Steuer auf Zinserträge; Spekulationsgewinne und Dividenden hingegen sind steuerfrei.

§ In Liechtenstein gilt die Wahrung des Bankgeheimnisses. Der Ertragssteuersatz liegt zwischen 7 % und 15 %, nur in Ausnahmefällen kann er bis 20 % steigen. Spekulationsgewinne von Deutschen sind steuerfrei. In Liechtenstein ansässige Firmen oder Stiftungen zahlen keinerlei Steuern auf Zinsen oder Dividenden.

§ Sind in Deutschland Stiftungen nur dann steuerlich begünstigt, wenn sie einem sehr genau definierten, gemeinnützigen Zweck zugutekommen, so ist dies in Liechtenstein etwas anders. Die Definition der Gemeinnützigkeit hat man dort etwas weiter gefasst. Kommen dort bei einer Stiftung die Erträge dem Stifter selbst oder dessen Familie zugute, ist eine Gemeinnützigkeit meist schon erreicht. Eine Vermögens-, Erwerbs- oder Ertragssteuer fällt nicht an. Auch entgeht man der lästigen Beschattung durch das Finanzamt. Es gibt in Liechtenstein weder eine Devisenkontrolle, noch eine Erbschaftssteuer, keine behördliche Aufsicht, und man hat auch keine Buchführungspflicht, wenn die Stiftung kein Gewerbe betreibt. Die Stiftungen zahlen lediglich eine Kapitalsteuer auf das ausgewiesene Kapital in Höhe von 1 %, die auch noch gedeckelt ist auf 2.000.000,- Franken.

§ Diese steuerlichen Effekte, die zum einen strafbar sind und im Zweifel auch zu einer Haftstrafe führen können, kann man natürlich nur dann nutzen, wenn man das Geld offiziell nicht dem Zoll meldet und es auch nicht von einem deutschen Konto nach Liechtenstein überweist. Der Weg in die Illegalität beginnt damit, dass man das Geld in schweren Taschen als Wanderer über die grüne Grenze bringt. Wem dies zu mühsam ist, der tarnt sich als Ski- oder Wanderurlauber. Die Zollbeamten sind allerdings sehr aufmerksam. So rief bei einem meiner Mandanten sein allzu schwerer Skistock die Aufmerksamkeit der Zollbeamten hervor.

§ Die rosigen Zeiten für den Steuerbetrüger, in denen früher die Liechtensteiner Bankangestellten selbst auch einmal die Reise angetreten haben und sich das Bargeld in den offenen Koffer hineinlegen ließen, sind vorbei.

§ Ganz besonders spannend für den einen oder anderen ist, dass Liechtenstein keinerlei fiskalische Auslieferungsabkommen mit dem Ausland hat.

§ Auf der Insel Jersey zahlen deutsche Bürger für Spekulationsgewinne und Dividenden keinerlei Steuern. Auf Sparzinsen wird eine 15-prozentige Quellensteuer erhoben.

§ Aber auch weiter entfernt ruft das Steuerglück: Die Bermudas erheben keine Körperschafts- und Einkommenssteuer, es gibt keine Quellensteuer und auch die Zinseinkünfte von EU-Bürgern werden nicht automatisch an die einheimischen Steuerbehörden weitergeleitet. Auf den Bahamas gibt es dafür ein funktionierendes Bankgeheimnis.

§ In Singapur gehen keinerlei Informationen über EU-Bürger ins Ausland. Die Quellensteuer für die im Ausland erwirtschafteten Erträge liegt bei 0 % und auch für die Gründung von steuergünstigen Stiftungen ist Singapur sehr offen.

§ Hongkong wahrt sein Bankgeheimnis. Keinerlei Auskünfte über Zinseinkünfte von EU-Bürgern gelangen ins Ausland. Die Einkommen von Ausländern, die nicht in Hongkong erwirtschaftet wurden, sind steuerfrei.

Merke: Sie müssen nur dann keine Steuern in Deutschland zahlen, wenn Sie mehr als 180 Tage pro Jahr im Ausland leben. Im Zweifel sollten Sie sich hier sehr genau von Ihrem Steuerberater beraten lassen!

2. Die Steuertricks der Kleinen

Fall 1: Der Arbeitsweg

Stefan M. aus Düsseldorf wollte auch einmal auf der Seite der Gewinner stehen. Er sah es nicht mehr ein, jeden Euro zu versteuern. Deshalb ließ er sich bei seiner Steuererklärung folgenden Trick einfallen: Er verlängerte seinen Arbeitsweg, um die Werbungskosten aufzustocken. Er war der Meinung, dass ihm niemand den kleinen Umweg, den er tatsächlich hätte fahren können, aber nie gefahren ist, nachweisen und vorwerfen könne. Er erhöhte seinen Arbeitsweg von 75 Kilometer täglich auf 125 Kilometer.

Doch das fiel auf. Stefan M. musste die hinterzogenen Steuern für 8 Jahre nachzahlen. Insgesamt waren das rund 10.000,- €, dazu noch eine saftige Geldstrafe von 30.000,- €.

Ob sich das gelohnt hat?

Fall 2: Die Arbeitszimmer

Marius S. arbeitete als selbstständiger Versicherungsunternehmer und hatte sein eigenes Büro in einer mitteldeutschen Großstadt. Aber damit nicht genug. Er war der Auffassung, dass er noch ein zweites Büro unterhalten müsse und meldete beim Finanzamt eine Zweigstelle an. Diese Zweigstelle brachte er in der Wohnung unter, in der er mit seiner Familie lebte. Dafür meldete er kurzerhand den Wohnsitz seiner Familie bei seinen Schwiegereltern an und gab drei der vier Zimmer der Wohnung als Bürofläche aus.

Nach vier Jahren fiel er auf und versteuerte nicht nur die zu Unrecht geltend gemachten Ausgaben für die Zweigstelle nach, sondern zahlte auch noch eine Strafe, die den dreifachen Betrag der geplanten Steuerersparnis ausmachte.

Fall 3: Die Bewerbungsgespräche

Hari L. gab beim Finanzamt durchschnittlich zehn Bewerbungen im Monat an und begründete dies damit, dass er sich seines Arbeitsplatzes nicht sicher sein könnte. Da Hari L. erfolgreich war, machte er bei der Steuer geltend, dass er bei jeder zweiten Bewerbung zu einem Vorstellungsgespräch eingeladen worden war. Denn Hari L. hatte auch die Fahrtkosten zu den einzelnen Bewerbungsgesprächen in seiner Steuererklärung abgerechnet. Die Arbeitsplätze waren allesamt mehr als 500 Kilometer von seinem Wohnort entfernt, die steuerlichen Sonderausgaben betrugen deshalb monatlich weit über 1.500,- €. Da Hari L. allerdings nur 3.000,- € als Nettoeinkommen zur Verfügung hatte, wurde das Finanzamt misstrauisch und überprüfte ihn. Das Steuersparmodell von Hari L. hatte eine Bewährungsstrafe zur Folge.

Fall 4: Der Spesenritter

Wofgang H. wollte es einfach nicht mehr einsehen. Die jährlich zu zahlenden Steuern waren zu hoch, er musste seine Sonderausgaben aufstocken. So entschloss sich Wolfgang H., sein Spesenkonto zu erhöhen. Er hatte aber keine Lust, für seine Spesen mehr Geld auszugeben. Also gewöhnte er sich an, alles an Quittungen mitzunehmen, was irgendwo liegen geblieben war. Es waren dies nicht nur Belege für Getränke und Speisen in Restaurants, es waren auch Tankquittungen in Tankstellen, Einkaufszettel für Schreibwaren und so weiter.

Verwunderlich war es schon, dass dem Finanzamt nicht auffiel, dass Wolfgang H. für seinen Benzin-Pkw plötzlich Diesel getankt hatte. Auch fiel es nicht auf, dass er teilweise zwei bis drei Essensbelege pro Tag beim Finanzamt als Ausgabe gemeldet hatte.

Aber im vierten Jahr wurden die Prüfer misstrauisch. Sie stellten fest, dass Wolfgang H. Hunderte von Bleistiften und Kugelschreiber für seinen Einmannbetrieb bestellt hatte.

Das Finanzamt wertete dies als Steuerbetrug. Wolfgang H. wurde zu einer Geldstrafe von 90 Tagessätzen à 100,- € verurteilt, was hinsichtlich seiner kriminellen Energie ein durchaus mildes Urteil war.

3. Steuerungerechtigkeit im Bordell

Erst kürzlich beschwerte sich Karl K. bei mir darüber, dass in einer süddeutschen Großstadt eine höhere Vergnügungssteuer für seinen Bordellbetrieb verlangt werde als in einer Stadt in Nordrhein-Westfalen. Karl K. fühlte sich und die bei ihm tätigen Prostituierten benachteiligt. Im Norden wird eine Vergnügungssteuer in Höhe von 5,60 €/m² in einem Bordell verlangt, im Süden sind es 10,- €/m². Hat der Bordellbetrieb also eine Grundfläche von 100 m², so bezahlt man dafür in einer nordrhein-westfälischen Stadt 560,- € und in einer süddeutschen 1.000,- € Vergnügungssteuer monatlich.

Da die Vergnügungssteuer eine kommunale Steuer ist, kann sie jede Gemeinde für sich selbst festsetzen und verlangen. Eine Steuergerechtigkeit findet somit nicht statt. Karl K. hatte einfach Pech, dass er seinen Bordellbetrieb in einem Ort unterhielt, der vergnügungssteuerlich betrachtet ein teures Pflaster ist.

PS: Man muss es sich einmal auf der Zunge zergehen lassen, dass die Kommunen mittlerweile Vergnügungssteuern auf sexuelle Leistungen erheben. Das heißt also, dass der Staat nicht nur im Rahmen der Einkommensteuer an den sexuellen Handlungen der Damen und Herren des Gewerbes mitverdient, sondern zweimal abkassiert. Da der Kunde aber meist nicht bereit ist, höhere Preise zu bezahlen – nach meinen Informationen sind in den vergangenen Jahren die Preise für sexuelle Dienstleistungen nicht gestiegen –, müssen die Damen und Herren des Gewerbes pro Tag »einmal mehr ran«, um die Vergnügungssteuer bezahlen zu können.

Siehe hierzu Weiteres im Internet unter der Website vom Bundesministerium für Familie, Senioren, Frauen und Jugend www.bmfsfj.de.

4. Was ist Steuerhinterziehung?

Steuerhinterziehung ist kein Kavaliersdelikt! Möchten Sie wissen, was im Falle des Falles auf Sie zukommt? Hier die wichtigsten Fragen, deren Antworten Sie vorab wissen sollten:

Wie wird Steuerhinterziehung geahndet?

Neben Geldstrafen droht in besonders schweren Fällen auch Haft. Diese kann bis zu 10 Jahre andauern.

Wovon hängt die Strafe ab?

Das Strafmaß hängt von der Höhe des Betrages ab, der veruntreut wurde, aber auch von der Art der Steuer. Umsatz- und Lohnsteuer sind besonders sensibel.

Natürlich wird auch mitberücksichtigt, wie hoch die kriminelle Energie des Steuerbetrügers ist.

Ab wann wird die Strafe in das Führungszeugnis eingetragen?

Ob die Strafe in das Führungszeugnis eingetragen wird oder nicht hängt davon ab, wie hoch die Zahl der Tagessätze ist, zu der der Steuersünder verurteilt wurde. Eingetragen werden grundsätzlich alle Strafen mit mehr als 90 Tagessätzen.

Ab wann ist die Strafe höher als 90 Tagessätze?

Dies ist je nach Gerichtsbezirk unterschiedlich. Die meisten Gerichte gehen davon aus, dass bei einem hinterzogenen Steuerbetrag von 10.000,- € bis 15.000,- € die Geldstrafe höher sein muss als 90 Tagessätze.

Gibt es regionale Unterschiede?

Bei der Anzahl der Tagessätze gibt es zum Teil große regionale Unterschiede. So ist es vorgekommen, dass bei einem hinterzogenen Betrag von bis zu 15.000,- € in Berlin und Hamburg 180 Tagessätze, in Frankfurt nur 120 Tagessätze ausgeurteilt wurden.

Wie hoch ist ein Tagessatz?

Ein Tagessatz errechnet sich aus dem durchschnittlichen Nettotageseinkommen eines Straftäters. Verdient der Straffällige zum Beispiel 3.000,- € netto im Monat, so errechnet sich ein Tagessatz von 100,- €. Verdient er 6.000,- € monatlich, so ist ein Tagessatz 200,- € hoch.

Wann müssen Steuersünder mit einer Freiheitsstrafe rechnen?

Durchschnittlich kann man davon ausgehen, dass ab einem Steuerhinterziehungsbetrag von 50.000,- € mit einer Freiheitsstrafe gerechnet werden muss. Allerdings ist es wahrscheinlich, dass ein Ersttäter mit einer Bewährungsstrafe davonkommt.

Hat der Steuersünder allerdings bereits einen Eintrag im Führungszeugnis oder ist er schon einmal zu einer Bewährungsstrafe verurteilt worden, so wird es für ihn schwer, noch einmal Bewährung zu bekommen. Der Bundesgerichtshof geht davon aus, dass ein Bewährungsbrecher, der nochmals wegen eines ähnlichen Deliktes straffällig wird, keine Bewährung mehr verdient, es sei denn, dem Straftäter oder seinem Verteidiger gelingt es, außergewöhnliche Umstände vorzutragen.

Für unsere »Steueroptimierer« also kurz zusammengefasst:

(Abweichung je nach Einzelfall möglich)

bis zu 1.000,- € hinterzogene Steuer

§ Einstellung gegen Auflage

bis zu 50.000,- € hinterzogene Steuer

    § Geldstrafe

bis zu 100.000,- € hinterzogene Steuer

    § Freiheits- oder Geldstrafe

    § kann auf Bewährung ausgesetzt werden

bis zu 1.000.000,- € hinterzogene Steuer

    § Freiheits- und evtl. Geldstrafe

    § kann auf Bewährung ausgesetzt werden

mehr als 1.000.000,- € hinterzogene Steuer

    § Freiheits- und evtl. Geldstrafe

    § kann nicht auf Bewährung ausgesetzt werden

(Zum Nachlesen die Quelle: http://www.steuerstrafen.de/)

Kapitel 7
Reiserecht

1. Die Flugpreisminderung

Nicht nur ein Pauschaltourist hat einen Anspruch auf Minderung des Reisepreises, wenn die versprochenen Leistungen am Urlaubsort und auf der Reise dorthin nicht den tatsächlich erbrachten Leistungen entsprechen. Auch derjenige, der nur eine Flugreise gebucht hat, hat unter bestimmten Voraussetzungen einen Anspruch auf Schadensersatz, wenn die Flugreise nicht wie vereinbart stattfindet.

Beispiel 1

Herr F. aus B. wollte mit der Lufthansa von Mallorca nach Deutschland zurückfliegen. Geplant war der Flug als Direktflug für 14 Uhr, er wurde dann aber mit vier Stunden Verspätung über Madrid nach München abgewickelt. Für diese vierstündige Verspätung hat die Fluggesellschaft einen Schadensersatz in Höhe von 400,- € bezahlt.

Beispiel 2

Der mit seiner Familie nach New York reisende Uwe F. konnte in New York wegen eines Sturmes nicht landen. Dies war der Fluggesellschaft natürlich nicht vorzuwerfen. Anlasten konnte man ihr allerdings das fehlerhafte Verhalten danach. Die Maschine wurde nämlich nach Boston umgeleitet, und dort erhielten die Reisenden keinerlei Auskünfte, wie sie nun nach New York kommen sollten. Air Berlin hat für die vierköpfige Familie nicht nur einen Schadensersatz in Höhe von 1.200,- € bezahlt, sondern darüber hinaus auch noch eine Pauschale für die entstandenen Mietwagenkosten und die Benzinkosten übernommen.

Einer Verordnung der EU lassen sich folgende Schadensersatzzahlungen für Verspätungen entnehmen:

1. 250,- € für eine Verspätung von mehr als 2 Stunden bei einem Flug bis 1500 Kilometern Flugstrecke;

2. 400,- € für eine Verspätung von mehr als 3 Stunden bei einem Flug bis 3500 Kilometern Flugstrecke;

3. 600,- € für eine Verspätung von mehr als 4 Stunden bei einem Flug von mehr als 3500 Kilometern Flugstrecke.

2. Der Reisemangel

Ich habe schon so zahlreiche Verfahren wegen Reisemängeln für Mandanten geführt, dass ich darauf verzichten will, das Erlebnis eines einzelnen Mandanten in den Vordergrund zu stellen. Vielmehr will ich kurz skizzieren, welche Formalien Sie beachten müssen, damit Sie einen etwaigen Reisemangel am Ende auch tatsächlich finanziell ausgeglichen bekommen.

Voran der wichtigste Reiserechtstipp:

Wenn am Urlaubsort ein Reisemangel auftritt, muss ihn der Reisende sofort bei der Reiseleitung melden und diese auffordern, den im Reisevertrag vereinbarten Zustand herzustellen. Über dieses Gespräch muss die Reiseleitung ein Protokoll anfertigen. Dieses Protokoll ist unabdingbar, damit Sie als Reisender später gegebenenfalls eine Rückerstattung des Reisepreises oder auch nur eines Teils davon einfordern können. Lassen Sie sich also immer eine Kopie dieses Protokolls geben. Wird der angezeigte Mangel nicht innerhalb kürzester Zeit behoben, so haben Sie folgende Möglichkeiten:

Alternative 1:

Sie können das Hotel wechseln und die Mehrkosten später einklagen.

Alternative 2:

Bei erheblichen Mängeln können Sie auch vorzeitig abreisen und die unverzügliche Rückreise nach Hause vom Veranstalter einfordern.

Alternative 3:

Sollten Sie trotz aller Mängel den Urlaub nicht abbrechen wollen, so können Sie am Ende der Reise eine anteilige oder gar vollständige Rückerstattung des Kaufpreises verlangen.

Aber Achtung!

1. Das ganze Prozedere ist immer mit erheblichem Ärger verbunden. Sie verderben sich, je länger Sie sich mit diesen Mängeln beschäftigen müssen, die Reise vielleicht ganz.
2. Die Geltendmachung von Reisemängeln ist mit einem erheblichen Kostenrisiko verbunden. So ist die Rechtsprechung mittlerweile sehr umfangreich, es gibt sogar einen Senat in Frankfurt, der sich ausschließlich mit Reisemängeln beschäftigt; aber jeder Fall ist anders, und deshalb ist es nicht vorhersehbar, wie die Gerichte entscheiden.
3. Deshalb sollten Sie eine Rechtsschutzversicherung haben.

Damit Sie sich ein wenig orientieren können, was tatsächlich an Reisepreisminderung geltend gemacht werden kann, hier ein Auszug aus der Frankfurter Tabelle für Reisepreisminderung:

Reisemängel, die die Unterkunft betreffen	
Abweichung vom gebuchten Ort	10–25 %
Abweichende Strandentfernung	5–15 %
Abweichende Art der Unterbringung	5–10 %
Doppelzimmer statt Einzelzimmer	20 %
Dreibettzimmer statt Einzelzimmer	25 %
Dreibettzimmer statt Doppelzimmer	20–25 %
Vierbettzimmer statt Doppelzimmer	20–30 %
Zu kleine Zimmerfläche	5–10 %
Fehlender Balkon (bei Zusage)	5–10 %
Fehlender Meerblick (bei Zusage)	5–10 %
Fehlendes Bad/WC (Buchung vorausgesetzt)	5–25 %
Fehlende Dusche (Buchung vorausgesetzt)	10 %
Fehlende Klimaanlage (Buchung vorausgesetzt)	10–20 %
Fehlendes Radio/TV (bei Zusage)	5 %
Zu wenig Mobiliar	5–15 %
Schäden (Feuchtigkeit/Risse)	10–50 %
Ungeziefer	10–50 %
Serviceausfall	25 %
Schlechte Reinigung	10–20 %
Ungenügender Wäschewechsel	5–10 %
Lärm am Tag	5–25 %
Lärm in der Nacht	10–40 %
Gerüche	5–15 %

Ausfall von	
Toilette	15 %
Bad/Warmwasser	15 %
Strom	10–20 %
Wasser	10 %
Klimaanlage (je nach Jahreszeit)	10–20 %
Fahrstuhl (je nach Stockwerk)	5–10 %
Verpflegung	
Vollkommener Ausfall	50 %
Eintöniger Speiseplan	5 %
Lauwarme Speisen	10 %
Verdorbene/ungenießbare Speisen	20–30 %
Selbstbedienung statt Kellner	10–15 %
Lange Wartezeiten beim Essen	5–15 %
Essen in Schichten	10 %
Verschmutzte Tische	5–10 %
Verschmutztes Besteck oder Geschirr	10–15 %
Fehlende Klimaanlage im Speisesaal	5–10 %
Transport	
Abflug mehr als 4 Stunden verspätet	5 %
Niedrigere Reiseklasse	10–15 %
Abweichung vom Normalstandard	5–10 %
Fehlende Verpflegung	5 %
Fehlende Bordunterhaltung (Film etc.)	5 %

Sonstige Mängel	
Fehlender/verschmutzter Pool (bei Zusage)	10–20 %
Fehlendes Hallenbad (bei Zusage)	20 %
Fehlende Sauna (bei Zusage)	5 %
Fehlender Tennisplatz (bei Zusage)	5–10 %
Fehlender Minigolfplatz (bei Zusage)	3–5 %
Fehlende Segel- und Surfschule (bei Zusage)	5–10 %
Fehlende Tauchschule (bei Zusage)	5–10 %
Fehlende Reitmöglichkeit (bei Zusage)	5–10 %
Fehlende Kinderbetreuung (bei Zusage)	5–10 %
Fehlende Bademöglichkeit im Meer (bei Zusage)	10–20 %
Verschmutzter Strand	10–20 %
Fehlende Liegen/Sonnenschirme (bei Zusage)	5–10 %
Fehlender FKK-Strand (bei Zusage)	10–20 %
Fehlendes Restaurant (bei Hotelverpflegung)	0–5 %
Fehlendes Restaurant in der Nähe (bei Selbstverpflegung)	10–20 %
Fehlende Vergnügungseinrichtungen (bei Zusage)	5–15 %
Fehlende Boutiquen/Ladenstraßen	0–5 %
Ausfall von Landausflügen bei Kreuzfahrten	20–30 %
Fehlende Reiseleitung/Organisation	0–5 %
Fehlende Reiseleitung bei Besichtigungen	10–20 %
Fehlende Reiseleitung bei Studienreisen	10–30 %

Noch ein Tipp: Sie sollten vor Ihrer Reise sehr genau den Reiseprospekt lesen. Finden Sie dort zum Beispiel Beschreibungen wie

§ »Hotel in zentraler Lage«, so kann dies häufig dafür stehen, dass Sie mit viel Straßenverkehr, Diskothekenlärm und Restauranttrubel bis tief in die Nacht rechnen müssen.

§ »Hotel in wachsender und aufstrebender Umgebung« kann bedeuten, dass das Umfeld des Hotels gerade erst entsteht, dass Sie also mit Baulärm in Form von Presslufthämmern, Baufahrzeugen etc. zu rechnen haben.

§ »Neueröffnung eines Hotels« muss nicht unbedingt bedeuten, dass alles einwandfrei ist, es kann auch darauf hinweisen, dass einige Serviceleistungen entweder noch gar nicht vorhanden sind oder noch an ihnen gearbeitet werden muss.

Aber bei allem Ärger, vergessen Sie nicht: Manchmal ist es für die Erholung besser, ein Auge zuzudrücken. Denn meistens hat man nur einmal im Jahr Urlaub.

3. Das Flugzeughandy

Ärgern Sie sich auch jedes Mal, wenn im Flugzeug die Stewardess verkündet, dass man sein Handy ausschalten möge? Jedes Mal erklärt man Ihnen aufs Neue, dass das Handy eventuell die Computertechnik des Flugzeuges stören könnte und somit der reibungslose Anflug oder Abflug des Flugzeuges gefährdet sei. Doch was ist dran an dieser These?

Tatsache ist, dass die mögliche Gefährdung der Flugzeugcomputertechnik durch ein Handy eine These aus längst vergangenen Tagen ist. Die Gefährdung bestand zu einer Zeit, als die Flugzeugtechnik noch für Funkstrahlen anfällig war, mittlerweile ist sie aber so weit ausgereift, dass Funksignale eines Handys nicht mehr gefährlich sein können.

Was also tun? Sich der Stewardess widersetzen? Dazu kann ich nicht raten. Denn tatsächlich dürfen die Fluglinien einem Fluggast den Weitertransport versagen, wenn er sich nicht an die Anweisungen des Flugpersonals und damit an die Vorschriften der Airline hält. Die Stewardessen dürfen Sie also des Flugzeugs verweisen, wenn Sie ihren Anordnungen nicht folgen.

Merke: Auch wenn die Ansage Unfug ist, müssen Sie gehorchen, ansonsten »fliegen« Sie vielleicht raus. Aber meine Erfahrung lehrt, Musik hören geht immer. Tipp: Kopfhörer in das dem Fenster zugewandte Ohr stecken.

4. Die zahlungspflichtige Hotelbuchung

Seit Jahren vertrete ich nun Walter H. aus D., der einen Pensionsbetrieb leitet. Immer wieder kommt es vor, dass Pensionsgäste eine Buchung bestätigen und dann nicht anreisen. Wenn wir sie auffordern, die Übernachtungskosten zu bezahlen, haben diese Gäste immer die gleiche Ausrede: Sie erklären, drei Tage vorher abgesagt zu haben, und berufen sich auf eine kostenlose Stornierung.

Fakt ist, dass es derartige kostenlose Stornierungen nicht gibt. Wer ein Hotelzimmer bucht, muss dieses auch bezahlen. Es sei denn, das Hotel ist in der Lage, das Zimmer in der betreffenden Nacht an einen anderen Gast zu vermieten. Eine Ausnahme gilt nur dann, wenn das Hotel von sich aus eine kostenlose Stornierung zulässt. Große Hotelketten bieten diese als Service und gestatten den Gästen eine kostenlose Stornierung, wenn sie bis zu 24 Stunden vor Anreisetermin erfolgt.

Wohlgemerkt: Es ist ein Service des Hotels und Bestandteil von deren Allgemeinen Geschäftsbedingungen. Ein genereller Anspruch auf eine kostenlose Stornierung besteht nicht.

Merke: Wenn nichts anderes in den AGBs steht, müssen Sie das gebuchte Hotelzimmer zahlen, auch wenn Sie nicht anreisen. Es sei denn, der Hotelier konnte das Zimmer an jemand anderen vermieten.

5. Der Reisegutschein

Helen H. hatte einen Reisegutschein geschenkt bekommen. Zunächst hatte sie ihm wenig Beachtung geschenkt, doch nach einem Jahr wollte sie ihn dann doch einlösen. Der Reiseunternehmer erklärte ihr aber, dass dies nicht mehr möglich sei, da der Gutschein mittlerweile abgelaufen sei. Er verwies sie auch darauf, dass die Reisepreise mittlerweile gestiegen seien.

Dies alles hatte sie zunächst akzeptiert, sie fühlte sich dann aber doch benachteiligt. Deswegen sprach sie bei mir vor und wollte sich Rat holen.

Mit ihrer Skepsis lag sie richtig. Zwar kann ein Reisegutschein verjähren, doch dies war hier nicht der Fall. Der Reisegutschein stammte aus dem vergangenen Jahr und die Verjährungszeit für einen Gutschein beträgt generell drei Jahre ab Ausstellung des Gutscheins, egal welche Frist auf dem Gutschein steht. Deshalb musste der Reiseunternehmer den Reisegutschein einlösen. Ein einfaches Schreiben reichte aus, um Helen H. zu ihrem Recht zu verhelfen.

Merke: Lassen Sie sich von Einlösefristen auf Gutscheinen nicht beeindrucken. Gutscheine gelten immer drei Jahre.

6. Das verlorene Gepäck

Joachim G. und seine Lebensgefährtin flogen mit dem Flugzeug aus dem Golfurlaub zurück. Die Golfgepäcktasche, die seine Lebensgefährtin als Reisegepäck am Flughafen aufgegeben hatte, kam allerdings nicht mit zurück. Joachim G.s Golfgepäck tauchte ebenfalls nicht auf, denn er hatte es in die große Tasche der Lebensgefährtin mit eingepackt. Die Luftfahrtgesellschaft erstattete dann zwar den Schaden für den Verlust des Golfgepäcks seiner Lebensgefährtin, seinen eigenen jedoch nicht. Das entsprechende Schreiben der Luftfahrtgesellschaft legte er mir vor.

Die Gesellschaft war zum einen der Auffassung, dass nur das Gepäck zu ersetzen sei, das dem Passagier gehörte, der das Gepäckstück aufgegeben hatte, und dass zum anderen das Gepäck nur bis zu 1000 € versichert sei.

Hätte die Luftfahrtgesellschaft vor einigen Jahren vielleicht Aussicht auf Erfolg mit ihrer Weigerung der Schadensersatzzahlung an Joachim G. gehabt, so hat sie heute keine Chance mehr, denn die Rechtsprechung hat sich geändert. Heute ist es rechtlich eindeutig, dass auch das Gepäck, das ein Reisender in einem Koffer oder Gepäckstück eines Mitreisenden unterbringt, versichert ist. Die Versicherungssumme ist hierbei auch nicht gedeckelt auf die Summe des einen Reisenden, sondern gilt für jeden Reisenden extra.

Ein Hinweis auf die neueste Rechtsprechung half, und die Fluggesellschaft erstattete den Schaden des verloren gegangenen Golfgepäcks auch für Joachim G.

Merke: Ihr Gepäck ist auch versichert, wenn es im Gepäck eines Mitreisenden untergebracht ist.

Kapitel 8
Familienrecht

1. Sylvia S. und die Ehedauer

Teil 1:

Sylvia S. glaubte, dass sie die Einzige sei, der so etwas passierte. Ihr Mann hatte sie verlassen und das, ohne dass es eine Jüngere gab. Er hatte gesagt, dass sie sich auseinandergelebt hätten und dass er keine Lust hätte, die letzten Jahre seines Lebens an ihrer Seite zu verbringen. Er wollte sich nach 27 Jahren Ehe von ihr scheiden lassen.

Sylvia S. täuschte sich. Sie war nicht die Einzige. Laut dem Statistischen Bundesamt sind im Jahre 2010 in Deutschland 23.550 Ehen geschieden worden, die 26 und mehr Jahre gehalten hatten. Betrachtet man die statistischen Zahlen, so lässt sich feststellen, dass es in einer Ehe ab dem 16. Jahr besonders kritisch wird. Die Zahl der geschiedenen Ehen steigt dann nämlich rasant an. Doch sehen Sie selbst:

Ehedauer in Jahren	geschiedene Ehen in 2010
2	1.261
4	9.112
6	10.518
8	9.342

Ehedauer in Jahren	geschiedene Ehen in 2010
10	8.138
12	6.905
14	6.252
16 bis 20	26.953
21 bis 25	21.701
26 und mehr	23.550

(Quelle: Statistisches Bundesamt)

2. Sylvia S. und der Unterhalt

Teil 2:

Sylvia S. setzte die Scheidung nach ihrer langen Ehedauer emotional sehr zu, aber das war nicht ihr einziges, wenn auch bedeutendes Problem. Schlimmer und nahezu existenziell erschien ihre künftige Lebenssituation, als wir ihren Unterhaltsanspruch, den sie einfordern wollte, ansahen.

Grundsätzlich haben die Gerichte das Bestreben, nach einer erfolgten Ehescheidung beide Ex-Ehepartner möglichst rasch wieder auf eigene finanzielle Füße zu stellen. Daraus leitet sich ab, dass ein Unterhaltsanspruch zeitlich möglichst begrenzt werden sollte.

Bei relativ jungen Eheleuten geht man davon aus, dass nach erfolgter Ehescheidung der Unterhaltsanspruch nur noch kurze Zeit andauern sollte, eine Grenze sieht man hierbei nach circa 2 Jahren. Bei älteren Eheleuten, die zum Beispiel eine Ehezeit von mehr als 20 Jahren miteinander verbracht haben, kann dieser Unterhaltsanspruch nach der Ehescheidung auch einmal 7 Jahre betragen. Eine Begrenzung des nachehelichen Unterhaltes auf die Dauer von 2 Jahren nach zehnjähriger Ehe ist jedoch auch keine Seltenheit mehr.

Allerdings lässt sich in letzter Zeit eine sich wandelnde Tendenz erkennen. Die Gerichte haben erkannt, dass gerade dann, wenn die Eheleute einen gemeinsamen Lebensplan über mehr als 20 Jahre gelebt haben, das heißt, die Ehefrau ihre Arbeitszeit für die Erziehung und Ausbildung der Kinder und die Führung des Haushaltes bereitgestellt hat, während der Ehemann einer Erwerbstätigkeit nachgegangen ist, eine starke Begrenzung des Unterhaltes für die Frauen unbillig, das heißt ungerecht sein kann. Es steht zu erwarten, dass die Gerichte deshalb die zeitliche Unterhaltsbegrenzung in Zukunft etwas lockern werden.

Für Sylvia S. war dies kein Problem, da wir uns für sie auf einen langjährigen Unterhalt haben einigen können.

Merke: Zurzeit legen die Gerichte in der Regel die Zeit, in der Unterhalt gezahlt werden muss, auf 2 bis 7 Jahre fest – auch bei lang bestehenden Ehen.

3. Rückfall auf den alten Status

Holger P. war Oberarzt in einem Krankenhaus. Er hatte seine Frau vor 15 Jahren geheiratet, seit 5 Jahren waren sie nun getrennt. Jetzt wollte er die Scheidung, da er in einer neuen Beziehung lebte. Holger P. verdiente als Oberarzt 8.000,- € im Monat. Ihm war klar, dass er den Unterhalt für seine beiden Kinder bezahlen musste, und er war fest davon überzeugt, die Hälfte seines verbleibenden Einkommens für die nächsten 15 Jahre an seine Frau bezahlen zu müssen.

Falsch!

Die Rechtsprechung hat sich hier geändert. Der Ehemann muss nicht mehr – wie früher üblich – die Hälfte seines verbleibenden Nettoeinkommens so lange an seine geschiedene Frau bezahlen, wie die Ehezeit gedauert hat. Heute ist der Unterhaltsanspruch zeitlich begrenzt, wie im Kapitel vorher erläutert. Und was die Höhe des Unterhalts anbelangt: Natürlich bleibt zu berücksichtigen, wenn einer der Ehepartner die tägliche Sorge für die Kinder leistet, aber grundsätzlich erhält der, der Unterhalt verlangt, nur den Betrag, den er vor der Ehe in seinem Beruf selbst verdient hat. Der Unterhalt einer Ex-Ehefrau wird also nicht gemessen am höheren Gehalt ihres geschiedenen Ex-Ehemanns, sondern an dem Einkommen, das sie vor ihrer Ehe hatte. Natürlich gibt es hiervon Ausnahmen, aber nur in den Fällen, in denen eine solche Regelung nicht als »gerecht« angesehen wird.

Da die Ehefrau von Holger P. Krankenschwester war, wurde ihr Unterhaltsanspruch nach der Ehescheidung auf genau dieses Einkommen begrenzt. Sie partizipierte nicht am höheren Oberarzteinkommen von Holger P.

Merke: Man muss mittlerweile davon ausgehen, dass der Geschiedenen-Unterhalt nur so hoch sein wird, wie er für einen angemessenen Lebensunterhalt notwendig ist. Das heißt, der Unterhaltsberechtigte kann nicht mehr erwarten, dass er nach der Ehe in den gleichen Lebensverhältnissen lebt wie in der Ehezeit.

4. Unterhalt nach dem Tod

Annemarie K. war 32 Jahre verheiratet gewesen. Mit ihrem Mann hatte sie drei inzwischen erwachsene Kinder. Sie hatte damals wunschgemäß die Arbeit aufgegeben und sich ausschließlich um den Haushalt und um die Kinder gekümmert. Vor 5 Jahren, als der jüngste Sohn ausgezogen war, begann es zu kriseln; vor 16 Monaten war sie geschieden worden; vor 4 Wochen hatte ihr Ex-Mann neu geheiratet.

Und nun fand sie die Todesanzeige in ihrem Briefkasten. Sie war verzweifelt. Wovon sollte sie leben? In der Scheidungsvereinbarung hatte sie sich mit ihrem Ex-Mann auf einen langjährigen Unterhaltsanspruch geeinigt. Doch nun war er tot. War damit der Unterhaltsanspruch in Höhe von monatlich 2.000,- € verloren? Tatsächlich war ihr Ex-Mann durch eine Erbschaft relativ vermögend geworden. Wäre sie mit ihrem Ehemann noch verheiratet gewesen, hätte sie einen nicht unerheblichen Pflichtteil bekommen, selbst wenn sie im Testament enterbt worden wäre. Und genau das war der Punkt.

Die zweite Ehefrau ihres Ex war Erbin geworden. Sie haftete nun für den Unterhaltsanspruch von Annemarie S. und zwar genau in der Höhe des Pflichtteilsanspruchs, der Annemarie S. nach dem Tode ihres Ex-Mannes zugestanden hätte, wäre sie noch verheiratet gewesen. Wir einigten uns auf eine Abfindungszahlung in Höhe von 250.000,- €.

Merke: Auch wenn der Unterhaltsverpflichtete gestorben ist, bedeutet dies noch nicht das Ende der Unterhaltszahlungen.

5. Die Scheidung und die Erbschaft

Silke S. sollte zahlen, und das nicht zu knapp. Ihr Mann wollte 600.000,- € Zugewinnausgleich.

Nun ist ja bekannt, dass nach erfolgter Ehescheidung ein Ausgleich der in der Ehezeit erworbenen Vermögenswerte zwischen den Ehegatten stattfinden kann. Das bedeutet: Jeder von beiden rechnet für sich aus, wie viel Vermögen er am Anfang der Ehe und wie viel er am Ende hatte. Derjenige, der in der Ehezeit mehr erwirtschaftet hat, muss an den anderen die Hälfte dieses Mehrbetrags zahlen. Es findet also ein Ausgleich statt. Natürlich nur, wenn der andere das verlangt.

Tatsächlich hatte der Ehemann von Silke S. weder irgendetwas in die Ehe mit eingebracht, noch besaß er am Ende der Ehe irgendeinen Vermögenswert. Das Auto, das er fuhr, war geleast. Silke S. aber hatte ein Bankkonto, auf dem 1,2 Millionen € lagerten. Doch auch sie besaß am Anfang der Ehe nichts.

Zunächst hörte sich der Anspruch des Ehemannes plausibel an. Allerdings verwunderte dieses Vermögen, da beide keine außergewöhnlichen Einkommen vorzuweisen hatten. Silke S. erklärte ihr Vermögen mit einer Erbschaft von ihrem Großvater. Weil sie sich in Geldangelegenheiten nicht auskennen würde, hätte sie das Geld einfach auf ein Sparbuch gelegt.

Doch von diesem geerbten Geld stand dem Ehemann nach der Scheidung rechtlich nichts zu. Denn eine Erbschaft während der Ehezeit wird dem Anfangsvermögen hinzugerechnet und ist damit beim Zugewinn nicht ausgleichspflichtig. Deswegen bekam der geldgierige Ehemann von diesem Vermögen auch nichts, sein Zugewinnausgleichsanspruch ging ins Leere.

Merke: Überlegen Sie bei der Auflistung für den Zugewinnausgleich einer Scheidung genau, woher Ihr Geld stammt!

6. Der unglaubliche Zugewinn

Herbert W. übergab mir den Brief des gegnerischen Anwalts. In diesem Brief wurde Herbert W. aufgefordert, einen Zugewinnausgleich in Höhe von 500.000,- € zu bezahlen.

Tatsächlich sah es so aus, als ob sich das Vermögen von Herbert W. innerhalb der Ehezeit um 1.000.000,- € erhöht hätte. Das Vermögen der Ehefrau war gleich geblieben, nämlich Null. Ging man jedoch ins Detail, dann ergab sich, dass der Zugewinn von Herbert W. hauptsächlich durch den Wertzuwachs eines Grundstücks entstanden war.

Grundsätzlich ist es so, dass der Wertzuwachs eines Grundstücks unter den Zugewinnausgleich fällt. Das heißt, der Ehegatte, dem dieses Grundstück nicht gehört, partizipiert zur Hälfte an der Wertsteigerung, die das Grundstück während der Ehezeit erfährt. Dies gilt auch für Grundstücke, die durch einen Erbfall das Vermögen des Zugewinnausgleichspflichtigen vermehren.

Genau dies war in vorliegendem Fall geschehen. Herbert W. hatte das landwirtschaftliche Grundstück von seinen Eltern geerbt. Es handelte sich um 2.000 m², die tatsächlich erst während der Ehezeit zu Bauland geworden waren.

Allerdings hatte es genau zwei Wochen vor der Ehe einen Bauvorbescheid gegeben, der den Grundstückspreis bereits auf 400,- € pro m² hat hochsteigen lassen. Während der Ehezeit war das Grundstück dann nur noch um weitere 100,- € pro m² angestiegen.

Dies bedeutete, dass die Berechnung des Zugewinnausgleichs falsch war. Der von Herbert W. zu zahlende Zugewinnausgleich belief sich nicht auf 500.000,- €, sondern nur noch auf 100.000,- €, da der Wertzuwachs des Grundstückes während der Ehezeit genau 200.000,- € betrug.

Merke: Achten Sie sehr genau darauf, wann der Wert einer Immobilie oder der eines anderen Wertgegenstandes, der in den Zugewinnausgleich fällt, angestiegen ist.

7. Der undankbare Schwiegersohn

Volker L. und seine Ehefrau saßen bei mir und baten um Rat. Vor drei Monaten war ihre Tochter geschieden worden und nun wollten sie wissen, welche Rechte ihnen gegenüber ihrem Ex-Schwiegersohn zustünden. Sie hatten ihm vor der Ehe ein Grundstück im Wert von über 500.000,- € geschenkt. Diese Schenkung war natürlich nur erfolgt, weil sie darauf vertrauten, dass er ihre Tochter heiraten und auch mit ihr verheiratet bleiben würde.

Nun waren Volker L. und seine Ehefrau von diesem Schwiegersohn bitter enttäuscht. Nicht nur, weil er ihre Tochter im Laufe der Ehe mehrfach betrogen, sondern auch, weil er sich im Scheidungsverfahren mehr als schäbig benommen hatte. Ihre Tochter hatte versucht, einen Ausgleich mit ihrem Mann bezüglich des geschenkten Grundstückes zu finden. Sie hatte vorgeschlagen, dass das Grundstück verkauft und der Erlös dann zur Hälfte geteilt werden könnte. Dies hatte der Schwiegersohn abgelehnt. Er hatte sich auf den Standpunkt gestellt, dass, weil ihm das Grundstück vor der Eheschließung geschenkt worden sei, es auch ihm allein gehöre und er zudem keine Zugewinnausgleichsansprüche für dieses Grundstück bezahlen müsste.

Auch wenn die Rechtsauffassung, was die Zugewinnausgleichsansprüche anbelangt, vielleicht nicht zu beanstanden war, so fiel der Schwiegersohn dennoch auf die Nase. Schenkungen der Schwiegereltern an den baldigen Ehepartner des eigenen Kindes können nämlich dann zurückgefordert werden, wenn die Schenkung vor allem im Vertrauen auf die Ehe erfolgt ist.

Und so forderten wir den Schwiegersohn auf, das Grundstück zurückzuübertragen, da der ursprüngliche Schenkungssinn und -zweck, nämlich der Fortbestand der Ehe, weggefallen war.

Natürlich wehrte sich der Schwiegersohn heftig, doch im Gerichtsverfahren musste er das Grundstück tatsächlich zurückübertragen. Sicherlich wäre er besser beraten gewesen, das ursprüngliche Angebot seiner geschiedenen Frau anzunehmen, das Grundstück zu verkaufen und den Erlös zur Hälfte zu teilen. – Soweit zur Gier, die manchen blind werden lässt.

Merke: Schenkungen können auch rückgängig gemacht werden!

8. Auf Stasi-App folgt Ehescheidung

Es fing alles ganz harmlos an. Stefan und Ulla K. sorgten sich um ihren 14-jährigen Sohn und wollten ihn besser im Auge behalten. Schließlich entdeckten sie die Internetseite www.trackyourkid.de, mit deren Hilfe sie ihren Sohn bald jederzeit mittels seines Handys orten konnten. Beide Elternteile wussten von da an, wo sich ihr Sohn aufhielt. Das gab ihnen Sicherheit und Ruhe.

Als Stefan K. dann irgendwann einmal einen Bericht im Fernsehen über Seitensprünge von Ehefrauen gesehen hatte, fing er an zu grübeln. Ging seine Frau Ulla tatsächlich donnerstags immer mit ihren Freundinnen zum Tanzen? Auch hier zog er das Internet zurate. Der Googledienst »Latitude« sollte helfen (die App »Freunde finden« bietet den gleichen Dienst). Auf den Namen seiner Frau eröffnete er einen Google-Account und lud sich dann selbst unter ihren Zugangsdaten ein. Nach einigen weiteren Schritten war sie ständig in seinem Beobachtungsnetz, auch sie überwachte er nun mittels Handyortung.

Doch das war nicht genug. Immer, wenn Ulla K. am Donnerstag wegfuhr, legte er ihr einen digitalen Rekorder ins Auto und nahm so jede Woche an den vertraulichen Gesprächen seiner Frau und deren Freundinnen teil.

Erst, als er in ihrem Handy eine kleine Babywanze installierte, wurde Ulla K. aufmerksam. Schnell fand sie heraus, dass sie tagtäglich von ihrem Ehemann überwacht wurde. Sie spürte den ungeheuren Vertrauensverlust. Stefan K. kam aus seiner Rolle nicht mehr heraus. Er glaubte nur noch dann vertrauen zu können, wenn er alles über sie wusste. Jeder Arztbesuch, jeder Einkauf, alles war mittlerweile von großem Misstrauen überdeckt.

Ulla K. konnte nicht mehr anders. Sie ließ sich scheiden.

9. Teure Scheidungskosten

Lothar M. sagte mir, dass er sich nur deshalb nicht scheiden lassen wolle, weil er das Geld für eine teure Scheidung schlichtweg nicht besitze. Er erklärte, dass er circa 2.000,- € netto verdiene, seine Ehefrau circa 1.900,- € netto. Vermögen hätten sie keines, im Wesentlichen ginge es nur darum, dass ein sauberer Schnitt gemacht werden sollte. Aber die Scheidungskosten wären zu hoch. Seine Ehefrau sei der gleichen Meinung.

Doch was die beiden glaubten ist falsch. Tatsächlich sind die Scheidungskosten nicht so hoch, wie mancher denkt. Die Anwaltskosten berechnen sich anhand eines Gegenstandswertes. Im Scheidungsverfahren ist der Gegenstandswert das dreifache Nettoeinkommen beider Ehegatten. Hinzu kommt noch ein Wert für den Versorgungsausgleich, das heißt für den Ausgleich der während der Ehezeit erworbenen Rentenanwartschaften.

Und an diesem Gegenstandswert orientieren sich die Anwaltskosten. Das heißt im Falle von Lothar M.: Wenn sich der Gegenstandswert gesamt, inklusive Versorgungsausgleich, auf 14.000,- € beläuft (3 x 2.000,- € + 3 x 1.900,- € + 2.300,- € Versorgungsausgleich), dann ergibt das Anwaltskosten in Höhe von maximal 2.000,- €.

Und wenn sich beide Ehegatten einig sind, braucht nur einer einen Anwalt. Denn die weit verbreitete Auffassung, dass sich beide Ehegatten einen Anwalt nehmen müssen, ist falsch. Aber beachten Sie: Der Anwalt ist immer seinem Mandaten verpflichtet. Und wenn es doch einmal zum Streit kommt, muss er allein das Wohl seines Mandanten im Sinne haben. Haben Sie also auch nur den leisesten Zweifel daran, dass Ihre Scheidung friedlich vonstattengeht, lassen Sie sich zumindest von einem zweiten Anwalt beraten. Mit dem kann man auch meist die Höhe der Beratungsgebühr vorher besprechen. Meist liegt sie zwischen 100 – 250 €.

Und was man auch beachten sollte: Das Hinauszögern einer Ehescheidung bringt für den, der mehr Nettoeinkommen hat, einen Nachteil. Der getrennt lebende Ehegatte partizipiert immer noch an den höheren Rentenanwartschaften, die der Besserverdienende während der Trennungszeit erwirbt. Dies mag auf den ersten Blick nicht relevant erscheinen. Mir sind jedoch Paare untergekommen, die 20 Jahre mit der Scheidung gewartet hatten. Und in 20 Jahren wachsen die Rentenanwartschaften eines Durchschnittsverdieners doch ganz beträchtlich.

Merke: Lassen Sie sich ausrechnen, wie teuer es für Sie wird, wenn Sie die Scheidung noch länger hinauszögern.

10. Wenn es vorbei ist, ist es vorbei

Christel T. war tief verletzt durch die Scheidung von ihrem Ehemann. Er hatte sie über Jahre hinweg betrogen und mit seiner neuen Freundin noch während ihrer gemeinsamen Ehezeit ein Kind gezeugt.

Christel T. wollte Rache und nahm sie sich. Während des Urlaubs ihres Ex-Mannes abonnierte sie für ihn Zeitschriften wie den Playboy, MensHealth und Penthouse. Als der Ex-Mann aus dem Urlaub zurückkam, war natürlich die Widerrufsfrist abgelaufen, er konnte nicht nachweisen, dass er die Abos nicht bestellt hatte. Natürlich hatte sie auch seine Kreditkarten, zu denen sie immer noch zugangsberechtigt war, während seines Urlaubs sperren lassen. Sie hatte vorgegeben, dass sie gestohlen worden waren. Den Aufwand, den der Ex-Mann für das Entsperren der Karten betreiben musste, kann man sich leicht vorstellen.

Äußerst zartfühlend ging sie vor, als sie ein halbes Jahr später verfaulte Eier in die Lüftungsschlitze seines Pkws legte. Der Wagen war fortan nicht mehr zu gebrauchen. Kaum vier Monate später, als ein neuer Pkw vor der Tür stand, schüttete sie jede Menge Zucker in den Tank. Der Schaden, der dadurch entstand, war immens.

Man konnte Christel T. nichts nachweisen, und dennoch erreichte mich ein Brief eines Anwaltskollegen mit schweren Vorwürfen. Sachbeschädigung und Betrug sind strafbar und hätten Christel T. im Zweifel eine hohe Strafe, vielleicht sogar eine Gefängnisstrafe, eingebracht. Ich habe Christel T. einen Psychologen empfohlen, der ihr dabei helfen sollte, die Trennungsschmerzen zu überwinden.

Weder von ihrem Ex-Mann noch von dessen Anwalt habe ich noch einmal Beschwerden gehört.

Merke: Die Hilfe eines Psychologen in Anspruch zu nehmen ist keine Schande.

11. Die Härtefallscheidung

Angela B. berichtete mir, dass ihr Mann schon seit Jahren nicht mehr mit ihr geschlafen hätte. Eigentlich sei alles schon nach der Hochzeitsnacht vorbei gewesen. Am Anfang hätte sie nicht begriffen, was los war. Sie hätte alles auf sich bezogen. Komisch war es ihr zwar vorgekommen, als ihr Mann begann, sich am ganzen Körper die Haare zu entfernen. Eklig fand sie die Hefte, die sie dann in seinem Lkw gefunden hatte: überall nur junge, nackte Männer. Als er nach einiger Zeit seine homosexuellen Freunde sogar mit nach Hause brachte, hätte sie dies als demütigend empfunden. Bald machte ihr Mann auch vor dem Schlafzimmer keinen Halt mehr. Mit seinen wechselnden Partnern hätte er immer das Ehebett benutzt. Die Spitze der Demütigung sei gewesen, dass sie nach dem Verkehr der Männer die Bettwäsche abziehen und waschen musste. Sie wollte sich scheiden lassen, glaubte jedoch, dass sie ein Jahr warten müsse.

Genau dies traf im vorliegenden Fall nicht zu. Ihr Mann war selbstständiger Fuhrunternehmer, hatte keine Rentenanwartschaften bei der staatlichen Rentenversicherung erworben, er hatte auch kein so hohes Einkommen, dass sie von ihm irgendeine Unterhaltszahlung hätte erwarten können.

Wir reichten unverzüglich eine Härtefallscheidung ein. Eine Härtefallscheidung ist dann möglich, wenn die Fortsetzung der Ehe für den, der die Scheidung beantragt, eine nicht hinzunehmende Härte darstellt. Das Gericht bestätigte, dass man bei Angela B. davon ausgehen konnte.

Merke: Sie müssen nicht unbedingt das Trennungsjahr einhalten, um eine Ehescheidung beantragen zu können.

12. Lebensversicherung und Scheidung

Else S. war die betrogene Ehefrau, wie man sie sich klassisch vorstellt. Nach 20 Jahren Ehe hatte ihr Mann sie wegen einer Jüngeren verlassen und sich von ihr scheiden lassen. Else S. fühlte sich gedemütigt und ließ sich nie mehr auf eine neue Partnerschaft ein. Beruflich fasste sie wieder Fuß, sie arbeitete Vollzeit als Verkäuferin in einem Warenhaus. Die Arbeit ließ sie vergessen und gab ihrem Leben einen neuen Sinn.

Als sie aber vor sechs Wochen vom Tod ihres Ex-Mannes erfuhr, hatte es sie noch einmal ganz schön durchgerüttelt. Ihr fielen die ersten glücklichen Jahre ihrer Ehe wieder ein, und deshalb machte sie auch noch einmal den Karton auf, in dem alte Fotos aus der Zeit mit ihm lagen. In diesem Karton, den sie nach ihrer Ehescheidung nicht mehr angefasst hatte, lagen auch noch zwei alte Aktenordner mit Unterlagen aus ihrer Ehezeit. Auch die sah sie sich wieder näher an.

Einen von diesen Ordnern legte sie nun vor mich hin. In diesem Ordner waren Unterlagen zu einer Lebensversicherung, bei der sie als Bezugsberechtigte eingetragen war.

Ich setzte ein Schreiben an die Versicherungsgesellschaft auf und bat darin, die Todesfallleistung an meine Mandantin zu bezahlen. Ob wir mit dieser Aufforderung Erfolg haben würden, war zu diesem Zeitpunkt nicht absehbar. Denn wir wussten nicht, ob die Bezugsberechtigung der Lebensversicherung widerrufen worden war oder nicht.

Der verstorbene Ex-Mann meiner Mandantin hatte die Versicherungsprämien bis zum letzten Monat vor seinem Tod regelmäßig bezahlt, die Versicherungsprämie wäre im nächsten Jahr fällig geworden. Und tatsächlich hatte der Ex-Mann die Bezugsberechtigung seiner Ex-Frau nicht widerrufen. Offensichtlich hatte er geglaubt, dass die Bezugsberechtigung durch die Ehescheidung aufgehoben war. Dem war aber nicht so. Eine Ehescheidung ändert nicht automatisch die Bezugsberechtigung einer Lebensversicherung.

Und so kam meine Mandantin in den späten Genuss einer Ausgleichszahlung für das erlittene Leid am Ende ihrer Ehe. Es waren 350.000,- €. Sehr wahrscheinlich war die Auszahlung der Versicherungssumme an meine Mandantin nicht im Sinne des Ex-Mannes, aber wer weiß?

Merke: Eine Ehescheidung ändert nicht automatisch die Bezugsberechtigung einer Lebensversicherung. Diese Berechtigung müssen Sie bei der Lebensversicherung separat umschreiben lassen.

13. Hund und Umgangsrecht

Ludwig B. und seine Lebensgefährtin hatten sich getrennt. Sie waren – vornehm formuliert – nicht im Guten auseinandergegangen. Verheiratet waren sie sieben Jahre, Kinder hatten sie keine, aber einen Hund namens Bogart.

Diesen Hund hatte die Ex-Frau bei sich behalten und weigerte sich nun, Ludwig B. den Hund sehen zu lassen, geschweige denn, ihm den Hund für einen Spaziergang zu überlassen. Sie wusste ganz genau, dass sie ihn damit mitten ins Herz traf – und genau das war ihre Absicht.

Deshalb wollte Ludwig B. für seinen Hund ein gesetzliches Umgangsrecht durchsetzen. Doch das geht rechtlich nicht. Nach dem Gesetz werden Tiere wie Sachen behandelt, und ein Umgangsrecht, wie es für Kinder gilt, lässt sich für Tiere rechtlich nicht durchsetzen. Die einzige Möglichkeit, die Ludwig B. hatte, war, durch ein Gericht im Rahmen eines Hausratverteilungsverfahrens das Alleineigentum an seinem Hund zugewiesen zu bekommen. Sollte seine geschiedene Ehefrau aber ebenfalls einen solchen Antrag stellen, so wäre es durchaus möglich, dass das Gericht den Hund der Ehefrau zuweisen würde. Dieses Risiko galt es zu vermeiden. Vor allem auch deshalb, weil die geschiedene Ehefrau in der Ehewohnung geblieben war, der Hund also nach wie vor in seiner gewohnten Umgebung lebte. Es hätte tatsächlich sein können, dass dieses Argument bei einer Entscheidung des Gerichts Berücksichtigung finden würde.

Aus diesem Grunde habe ich vorgeschlagen, der Ehefrau als »Entschädigung für ihre emotionale Belastung«, das heißt für den Verzicht auf den heißgeliebten Hund, einen Betrag in Höhe von 5.000,- € zu bezahlen. Dieser Vorschlag brachte Ludwig B. in Wallung. Er erklärte mir, dass er nicht einsehe, der Frau, die ihn jahrelang betrogen hatte und ihn bis zum heutigen Tage ausnutze, auch noch Geld für einen Hund zu bezahlen, den er mit seinem Geld gekauft hatte.

Ich konnte Ludwig B. verstehen. Aber wie so oft geht es bei solchen Verfahren nicht darum, moralische Vorstellungen durchzusetzen, sondern allein darum, eine den Interessen des Mandanten möglichst nahe Lösung zu finden. Und das Interesse von Ludwig B. galt mehr dem Hund als 5.000,-€.

Ludwig B. ließ sich überzeugen und bat mich, das Angebot zu unterbreiten.

Die Ehefrau erklärte uns dann süffisant, dass sie sich vorstellen könnte, bei einer Zahlung von 7.000,- € ihren durch den Verlust des Hundes ausgelösten Schmerz überwinden zu können.

Genau für diesen Betrag haben wir die Seele erworben.

Übrigens: Ludwig B. hatte mich bevollmächtigt, bis zu 10.000,- € für Bogart zu bezahlen.

Merke: Wenn Sie sowieso einen Ehevertrag abschließen, legen Sie am besten auch fest, wer im Falle einer Scheidung die Haustiere bekommt.

14. Hartz IV und das Auslandskind

Steffen G. bezog Leistungen nach Hartz IV. Seine Ehe war vor Kurzem gescheitert, und seine Frau war mit dem gemeinsamen Sohn ins Ausland zu ihrem neuen Lebensgefährten gezogen. Steffen G. wollte sein Kind aber weiterhin sehen. Die Frage war nur wie, denn der Sohn lebte rund 7000 Kilometer entfernt in Kanada. Die Zeit, ihn zu besuchen, hatte Steffen G., allerdings kein Geld, um die Reisekosten zu bezahlen. Sein Antrag auf Übernahme der Kosten für einen angemessenen »Umgang« mit seinem Sohn war vom Sozialamt abgelehnt worden.

Auf den ersten Blick erscheint diese Ablehnung verständlich. Warum sollte das Sozialamt Flugkosten nach Kanada bezahlen, nur weil sich ein deutsches Paar getrennt hat?

Aber so einfach ist das nicht, denn es geht um das Kindeswohl. Wenn die Beziehung zwischen Vater und Kind intensiv und gefestigt ist, muss zum Wohle des Kindes alles dafür getan werden, damit das möglichst so bleibt. Und deshalb hat ein »Hilfsbedürftiger«, der Leistungen nach Hartz IV erhält, Anspruch darauf, dass ihm die notwendigen Kosten, die ihm für die »Ausübung seines Umgangsrechts« im Ausland entstehen, geleistet, sprich bezahlt werden.

In einem vergleichbaren Fall urteilte ein Gericht, dass einem Hartz-IV-Empfänger die Reisekosten für die Ausübung seines Umgangsrechts mit seinem Sohn in den USA erstattet werden mussten. Das Gericht legte fest, dass dem Antragsteller die Kosten für vier Reisen von jeweils fünf Tagen nach Amerika zu bezahlen seien.

Nicht anders war es im Fall von Steffen G. Auch er bekam seine Kosten erstattet, um seinen Sohn zu sehen: die Reisekosten für einen Economyflug und die Unterbringungskosten in einem kostengünstigen Hotel.

Merke: Der Kontakt zu Ihrem Kind muss aus finanziellen Gründen nicht abbrechen, wenn Sie Hartz IV bekommen und sich die Reise zu Ihrem Kind eigentlich nicht leisten können.

15. Ein Irrtum ist erlaubt

Lucie T. wollte Lehrerin werden. Doch Lucies Vater hasste Lehrer. Als seine Tochter die zehnte Klasse beendet hatte, ordnete er an, dass sie eine Lehre machen sollte. Er war der Meinung, dass die Ausbildung zur Goldschmiedin genau das Richtige für sein Kind sei. Lucie hatte willenlos zugestimmt. Doch nach einem Jahr stellte sie fest, dass der Beruf nichts für sie war. Sie holte auf der Abendschule das Abitur nach und wollte dann ein Studium beginnen.

Natürlich fragte sie ihren Vater, ob er sie unterstützen würde. Doch er war der Auffassung, dass er bereits eine Ausbildung finanziert hätte und mit Erreichung des 18. Lebensjahres sowieso nicht mehr verpflichtet sei, Unterhalt zu bezahlen.

Falsch!

Grundsätzlich haben die Eltern die Verpflichtung, so lange Unterhalt für ihre Kinder zu bezahlen, bis diese eine Ausbildung abgeschlossen haben.

Die Kinder können jedoch für sich in Anspruch nehmen, sich auch einmal zu täuschen. So kann ein Kind, das sich nach einer Lehre entschließt, ein Studium aufzunehmen, so lange Unterhalt von den Eltern verlangen, bis das Studium abgeschlossen ist.

Die Studiendauer darf natürlich nicht unendlich sein, das Kind muss einen »ordentlichen« Studiengang nachweisen, das heißt, 15 Semester Jura werden nicht bezahlt.

Lucie T. konnte ihr Studium beginnen, das Gericht verurteilte ihren Vater zur Unterhaltszahlung.

Merke: Unterhalt an die Kinder muss so lange gezahlt werden, bis deren Ausbildung abgeschlossen ist.

16. Das Auslandsstudium

Daniel M. war ein sehr gewissenhafter Student. Schon früh hatten sich seine Eltern scheiden lassen, der Vater hatte sich nie um ihn gekümmert. Daniel M. hatte nach Erreichen des 16. Lebensjahres mehrfach auf eigene Faust versucht, Kontakt zu seinem Vater zu bekommen, er war jedoch meist auf Gleichgültigkeit gestoßen. Als er sein Studium begann, lehnte der Vater Unterhaltszahlungen zunächst ab. Er musste durch ein gerichtliches Urteil davon überzeugt werden, dass er für seinen Sohn während seines Studiums Unterhaltsleistungen zu erbringen habe.

Nun war Daniel M. ein Student der Romanistik. Seine Universität hatte in den Studienempfehlungen dringend dazu geraten, als Bestandteil des Studiums einen Auslandsaufenthalt zu absolvieren. Als Daniel M. seinen Vater damit konfrontierte, dass er im Rahmen seines Studiums zusätzlich einen Auslandsaufenthalt plane, lehnte dieser Zahlungen dafür wieder geradewegs ab.

Wir klagten also erneut gegen den Vater.

Das Gericht klärte den Zahlungsunwilligen darüber auf, dass ein Student dann Anspruch auf Unterhaltsleistungen für ein Auslandssemester hat, wenn das Semester für das Studium sachdienlich ist und die Universität dringend zu einem solchen Auslandsaufenthalt rät. Diese Voraussetzungen erfüllte das Studium von Daniel M.

Zähneknirschend akzeptierte der Vater das Urteil.

Als wir das Gerichtsgebäude verließen, erfüllte mich ein tiefes Gefühl der Genugtuung, denn der Vater von Daniel M. war ein unsympathischer Zeitgenosse, und diesen in die Schranken gewiesen zu haben, tat mir gut. Dieses Gefühl konnte mein junger Mandant leider nicht teilen. Er hätte zu gerne ein versöhnliches Wort oder auch nur ein kleines Lob für seine Studienleistungen, die wirklich hervorragend waren, von seinem Vater gehört. Aber der hatte ihn einfach stehen lassen. So ließ ich mir bei einem Kaffee die spannenden Studienvorhaben von meinem Mandanten berichten.

Merke: Ein Kind hat ein Recht auf Unterhaltszahlungen, auch für Auslandsaufenthalte, die dem Studium förderlich sind.

17. Wer ist mein Vater?

Günther S. hatte seinen Samen bei einer Samenbank gespendet. Man hatte ihm damals Vertraulichkeit zugesagt, das heißt, man hatte ihm versichert, dass seine Spende anonym bleiben würde.

Mit diesem Samen wurde dann eine Frau befruchtet, die gebar ein Kind, und dieses Kind wollte nun Jahre später wissen, wer sein Vater ist.

Alle blockierten, aber ein Gericht gab ihm Recht. Dies hatte nicht nur zur Folge, dass das Kind erfuhr, wer sein leiblicher Vater war, es könnte eventuell auch bedeuten, dass der Spender zum Unterhalt des Kindes verpflichtet ist.

Merke: Wenn Sie Ihren Samen spenden, können Unterhaltsforderungen auf Sie zukommen.

18. Kinder haften für ihre Eltern

Die 26-jährige Monika B. war vom Sozialamt aufgefordert worden, für ihre Mutter Unterhalt zu zahlen. Das Amt, bei dem die Mutter Leistungen nach Hartz IV beantragt hatte, hatte nachgeprüft, ob die Mutter Kinder hatte, die eventuell für den Unterhalt der Mutter in die Pflicht genommen werden könnten, und forderten diesen nun von Monika B. ein.

Doch Monika B. wollte für ihre Mutter keinen Unterhalt zahlen und saß deshalb vor mir.

Generell ist es möglich, dass Kinder für den Unterhalt ihrer Eltern herangezogen werden. Das heißt im Klartext, dass Kinder für den Unterhalt der Eltern aufkommen müssen, wenn diese ihren Unterhalt selbst nicht mehr bezahlen können.

Hiervon gibt es allerdings einige Ausnahmen. Eine solche Ausnahme ist zum Beispiel dann gegeben, wenn der Unterhaltsberechtigte, also der Elternteil, durch sein Verschulden bedürftig geworden ist oder wenn er seine eigene Unterhaltsverpflichtung gegenüber dem Kind gröblich vernachlässigt hat oder wenn er sich vorsätzlich einer schweren Verfehlung gegenüber dem Kinde schuldig gemacht hat. In diesen Fällen kann es sein, dass die Unterhaltsverpflichtung den Eltern gegenüber gänzlich entfällt.

Genau dies war bei Monika B. der Fall. Ihre eigene Mutter hatte keinen Unterhalt für sie bezahlt. Vor zwölf Jahren hatte sie das Kind sogar in ein Heim abgegeben.

Das Gericht lehnte den Unterhaltsanspruch, wie von uns beantragt, gegen das eigene Kind ab.

Merke: Nicht immer müssen Kinder für ihre Eltern Unterhalt zahlen.

Kapitel 9
Arbeitsrecht

1. Das Weihnachtsgeld

Melanie M. hatte in den letzten sieben Jahren von ihrer Firma immer Weihnachtsgeld bekommen. Der Betrag war immer gleich hoch, immer wurde das heiß ersehnte Geld zum 15.12. ausbezahlt. In diesem Jahr sollte es nicht so sein. Der Arbeitgeber hatte erklärt, dass das Geschäftsjahr nicht gut gelaufen sei und dass er deshalb nicht wie üblich das Weihnachtsgeld zahlen könne.

Da lag er falsch!

Wenn ein Arbeitgeber über einen längeren Zeitraum, das heißt mindestens drei Jahre, ein Weihnachtsgeld immer in der gleichen Höhe ausbezahlt hat, so entsteht ein Rechtsanspruch des Arbeitnehmers auf Zahlung dieses Weihnachtsgeldes.

In dieser Sache ist es nicht zu einem Rechtsstreit gekommen, da ein einfacher Brief den Arbeitgeber von Melanie M. davon überzeugen konnte, dass es seine Pflicht war, das Weihnachtsgeld auch in diesem Jahr zu bezahlen.

Merke: Sie können unter gegebenen Umständen Ihr Weihnachtsgeld einfordern!

2. Die Abfindung

Thorsten Z. hatte eine betriebsbedingte Kündigung erhalten. Der Arbeitgeber wollte einen Teil der Betriebsstätte schließen, so stand es in seinem Schreiben, und deshalb wurde Thorsten Z. gekündigt. Da er seit 6 Jahren im Betrieb war, hatte ihm der Arbeitgeber 3 Jahresgehälter als Abfindung angeboten.

Die Abfindung, ein halbes Monatsgehalt pro Jahr Betriebszugehörigkeit, entsprach der üblichen Praxis. Allerdings hatte es sich im Ort herumgesprochen, dass nicht wirklich eine betriebliche Umstrukturierung stattfinden sollte, sondern der Einstieg von Fremdinvestoren und eine andere Betriebsführung ins Auge gefasst worden war. Die Personaldecke sollte verdünnt, der Profit erhöht werden.

Glücklicherweise hatte Thorsten Z. Qualifikationen, die auf dem Arbeitsmarkt gefragt waren. Eine kurze Bewerbungsphase brachte das befriedigende Ergebnis, dass Thorsten Z. zwei alternative Arbeitsstellen in petto hatte. Für uns bedeutete das, dass wir aus einer relativ gesicherten Position heraus versuchen konnten »zu pokern«. Und tatsächlich klappte es. Den neuen Investoren war es glatte 20.000,- € wert, Thorsten Z. loszuwerden. Sie stellten ihn sogar unverzüglich von der Arbeit frei. Offensichtlich rechnete sich die Freistellung und die überaus üppige Abfindungszahlung immer noch, um am Ende des Jahres aus dem kleinen mittelständischen Betrieb einen noch größeren Profit herauszuschlagen zu können.

Merke: Lassen Sie sich besser von einem Anwalt beraten, wenn Ihnen der Arbeitgeber betriebsbedingt kündigt.

3. Der beleidigte Chef

Frauke K. legte mir die fristlose Kündigung ihres Arbeitgebers vor. Dieser hatte ihr gekündigt, weil sie ihren direkten Vorgesetzten als *Macho* und *Frauenfeind* bezeichnet und damit beleidigt hatte.

Tatsächlich hatte sich Frauke K. in der Vergangenheit häufig über das Verhalten ihres direkten Vorgesetzten geärgert und dies im Kollegenkreis auch geäußert. Mehrfach hatte sie diesen Vorgesetzten als *Macho* und *Frauenfeind* bezeichnet. Ihr Arbeitgeber hatte ihr nun deshalb eine verhaltensbedingte, fristlose Kündigung vorgelegt.

So einfach wollten wir diese aber nicht hinnehmen. Wir reichten Kündigungsschutzklage ein.

In der mündlichen Verhandlung wies das Gericht den Arbeitgeber darauf hin, dass die fristlose Kündigung nicht rechtens erfolgt sei. Vor der Kündigung hätte zunächst einmal ein klärendes Gespräch stattfinden müssen, darüber hinaus hätte noch eine Abmahnung erfolgen müssen.

Da Frauke K. das Verhalten ihres direkten Vorgesetzten schon seit längerer Zeit als unerträglich empfunden hatte, war sie nicht untätig geblieben. Sie hatte sich auf dem Arbeitsmarkt umgesehen und immer wieder Angebote von anderen Betrieben erhalten. Diese Angebote hatte sie bislang jedoch abgelehnt, da sie sich in ihrem bisherigen Kollegenkreis sehr wohlgefühlt hatte.

Die Situation im Gerichtssaal änderte jedoch alles. Sie gewann den Eindruck, dass ihr Arbeitgeber das Verhalten des direkten Vorgesetzten deckte und wollte deshalb nicht mehr dort arbeiten. Sie bat mich in einer Verhandlungspause, einen Aufhebungsvertrag zu vereinbaren.

Nachdem die Richterin einen solchen Aufhebungsvertrag ebenfalls angeregt hatte, ging es nur noch um die Abfindungszahlung.

Frauke K. war seit 5 Jahren im Betrieb, das heißt, die übliche Abfindungszahlung hätte ein 2,5-faches Monatsgehalt betragen (für jedes Beschäftigungsjahr ein halbes Monatsgehalt). Wir einigten uns auf 8 Monatsgehälter.

Merke: Mit sachlicher Kritik müssen Sie nicht hinter dem Berg halten, aber beleidigend dürfen Sie nicht werden.

4. Die Elternzeit

Der Arbeitgeber von Max H. konnte es nicht fassen, aber dieser wollte tatsächlich drei Jahre Elternzeit in Anspruch nehmen – als Mann. Max H. war eine überaus wichtige Kraft für den Betrieb, er wurde gebraucht. Doch ihm war das erstgeborene Kind wichtiger. Zudem hatte seine Frau die besser bezahlte Arbeitsstelle. Die Entscheidung, wer in Elternzeit geht, war für das Ehepaar deshalb schnell gefallen. Max H. bestand darauf, drei Jahre Elternzeit zu nehmen.

Es gab im Betrieb viele Diskussionen, doch jegliche Gegenwehr des Arbeitgebers schlug fehl. Er musste zudem die Arbeitsstelle von Max H. bis zum Ablauf der Elternzeit freihalten.

Dies tat er am Ende sogar gerne. Max H. hatte sich nach den ersten Missverständnissen schnell bereit erklärt, hin und wieder bei dringenden Fragen für seinen Arbeitgeber zur Stelle zu sein. Der wusste dies anzuerkennen, und schlussendlich waren beide froh, als Max H. nach der dreijährigen Elternzeit wieder in den Betrieb zurückkehrte.

Merke: Beide Elternteile haben Anspruch auf Elternzeit, auch der Vater; dagegen kann sich der Arbeitgeber nicht zur Wehr setzen.

5. Raucherpausen

Berthold B. war es leid. Er hatte seinem Mitarbeiter fristlos gekündigt. Dieser hatte entgegen seinen Anweisungen nach wie vor alle eineinhalb bis zwei Stunden eine Raucherpause eingelegt und nicht ausgestempelt. Das war kein neues Verhalten des Mitarbeiters. In den vergangenen Jahren hatte er diesen Mitarbeiter mehrfach abgemahnt und ihm aufgegeben, wenn er schon rauchen müsse, er dies entweder außerhalb der Arbeitszeiten tun oder aber ausstempeln müsse. Der Mitarbeiter hatte sich nie daran gehalten.

Vielmehr ging er gegen die fristlose Kündigung vor und erhob Kündigungsschutzklage. Mit dieser Klage hatte er jedoch keinen Erfolg. Das Gericht erklärte ihm eindeutig, dass er keinen Anspruch auf Raucherpausen während der Arbeitszeit habe. Die fristlose Kündigung ging ohne Beanstandung durch.

Merke: Raucherpausen können den Verlust des Arbeitsplatzes nach sich ziehen!

6. Vera W. und die Kamera am Arbeitsplatz

Anfangs hatte Vera W. die Kamera gegenüber von ihrem Arbeitsplatz gar nicht richtig wahrgenommen. Nach drei Monaten fühlte sie sich jedoch davon belästigt. Die Kamera schien direkt auf sie gerichtet zu sein, und es sah so aus, als ob sie beobachtet würde. Als sie den Arbeitgeber fragte, was es denn mit dieser Kamera auf sich hätte, erhielt sie zur Antwort: »Die Kamera ist zur allgemeinen Sicherheit angebracht.« Sie konnte sich des Eindrucks aber nicht erwehren, dass das Gerät zumindest auch ihren Arbeitsplatz unentwegt im Blick hatte.

Die Kamera wurde für Vera W. zu einer unentwegten Belastung, aber dennoch hielt sie es noch einmal drei Monate aus, bis sie den Mut hatte, den Rat eines Anwalts einzuholen. Und der half.

Die Kamera, die den Arbeitsplatz von Vera W. unentwegt filmen konnte, war rechtswidrig angebracht, denn es bestand kein Sicherheitsbedürfnis des Arbeitgebers (wie zum Beispiel bei einer Bank). Die Kamera stellte sogar einen Eingriff in die Persönlichkeitsrechte von Vera W. dar. Und die Verletzung eines solchen Persönlichkeitsrechtes kann einen Schadensersatzanspruch nach sich ziehen. – In diesem Fall waren es 5.000,- € ... eine teure Überwachung!

Merke: Kameras am Arbeitsplatz muss man nicht dulden!

Kapitel 10
Versicherungsrecht

1. Die alten Dachschindeln

Käthe S. weinte, als sie mir berichtete, dass die Versicherung den Schaden an ihrem Dach nicht bezahlen wolle. Dieser Schaden belief sich auf über 10.000,- €, ein Sturm hatte circa ein Drittel des Daches beschädigt. Käthe S. lebte alleine und war bereits über 70 Jahre alt.

Tatsächlich war an ihrem Haus seit Jahren nichts mehr gemacht worden: Die Fassade sah nicht mehr neu aus, dem Dach sah man die Spuren der Jahre an. Und genau das war der Grund, weshalb die Versicherung die Zahlung des Schadens ablehnte. Die Versicherung erklärte, dass das Dach nur deshalb in Mitleidenschaft gezogen worden war, weil es schon so alt und ungepflegt sei. Käthe S. hätte dafür sorgen müssen, dass ihr Haus immer in einem ordnungsgemäßen Zustand ist. Die Versicherung erhob somit den Vorwurf, Käthe S. hätte den Schaden grob fahrlässig mitverursacht.

Gegen diese Argumentation galt es vorzugehen.

Natürlich ist vom Versicherungsnehmer zu erwarten, dass er die versicherten Sachen stets in einem ordnungsgemäßen Zustand hält und damit einhergehend auch Mängel und Schäden unverzüglich beseitigt, wenn sie Einfluss auf einen möglichen Versicherungsverlauf nehmen könnten. Aber solche Schäden waren am Dach nicht vorhanden.

Wir einigten uns mit der Versicherung darauf, dass ein Sachverständigengutachten eingeholt wird. Dieses Sachverständigengutachten bestätigte zwar, dass die Dachziegel von Käthe S. schon einige Jahre auf dem Buckel hatten, aber alle noch tadellos miteinander verbunden waren und ein altersbedingter Schaden der Dachziegel nicht vorlag. So konnten wir die Versicherung davon überzeugen, dass Käthe S. keine grobe Fahrlässigkeit und damit keine Mitverantwortung am Versicherungsfall vorzuwerfen war. Die Versicherung zahlte.

Merke: Manchmal lassen sich Versicherungen nur durch Gutachten überzeugen. Deshalb kann ein erstes Ziel bei einem Streit mit einer Versicherung auch sein, deren Bereitschaft zu erhalten, die Kosten für ein Gutachten zu übernehmen.

2. Die gekündigte Krankenversicherung

Markus Z. war gesetzlich krankenversichert. Da er in der Vergangenheit immer wieder Probleme mit seinen Zähnen gehabt hatte, entschied er sich, eine private Zahnzusatzversicherung abzuschließen. Vor Kurzem war ihm ein Werbeprospekt ins Haus geflattert, der genau für eine solche Versicherung warb. Er ließ sich den Versicherungsantrag zusenden und begab sich, bevor er ihn ausfüllte, noch einmal zu seinem Zahnarzt. Diesen fragte er, ob er in den Antrag hineinschreiben könne, dass seine Zähne alle tipptopp seien. Der Zahnarzt bestätigte ihm dies.

Dennoch war Markus Z. ein wenig unsicher, da er seinen Zahnarzt ja auch deshalb aufgesucht hatte, weil noch ein Zahn abschließend mit einer Krone zu verschließen war. Doch der Zahnarzt bestätigte ihm, dass diese Behandlung schon längst abgeschlossen sei und der endgültige Verschluss keine Behandlung mehr darstelle. Die Kosten für diese Behandlung zahlte Markus Z. selbst.

Er folgte seinem Arzt und teilte der Versicherung mit, dass sich seine Zähne in einem sehr guten Zustand befänden und dass keine Behandlung mehr anstünde. Dann unterzeichnete er den Versicherungsantrag. In diesem Versicherungsantrag erklärte er auch sein Einverständnis, dass die Versicherung im Bedarfsfall bei seinem Zahnarzt alle notwendigen Informationen einholen könne. Den Arzt entband er so von seiner Schweigepflicht.

Als Markus Z. dann ein Jahr und neun Monate später die zweite Zahnarztrechnung bei seiner privaten Zusatzversicherung einreichte, flatterte ihm die fristlose Kündigung ins Haus. Die erste Rechnung nach sieben Monaten war bezahlt worden, ohne Beanstandungen, ohne Nachfragen. Unglücklicherweise hatte sich genau der Zahn wieder entzündet, der zuletzt mit der Krone überzogen worden war. Merkwürdig erschien, dass die Versicherung überhaupt die erste Rechnung bezahlt hatte, bei der zweiten wurde sie dann wohl misstrauisch.

Die Kündigung wurde damit begründet, dass Markus Z. vorvertragliche Pflichtverletzungen begangen habe, dass er die Versicherungsgesellschaft mit falschen Informationen getäuscht und sich nur dadurch den Versicherungsvertrag erschlichen habe. Die Versicherungsgesellschaft berief sich darauf, dass Markus Z. erklärt hätte, seine Zähne seien in tadellosem Zustand, obwohl damals noch eine laufende Behandlung stattgefunden hätte.

Der außergerichtliche Schriftverkehr brachte keinen Erfolg, wir mussten Klage einreichen.

Das Recht war auf unserer Seite, denn ein Versicherungsnehmer muss zwar im Versicherungsvertrag alle gestellten Fragen nach bestem Wissen und Gewissen beantworten – und in diesem Rahmen muss er auch die gestellte Frage nach bestehenden Erkrankungen wahrheitsgemäß beantworten. Da die Behandlung in diesem Falle allerdings abgeschlossen war, musste Markus Z. diese nicht mehr benennen. Darüber hinaus hätte die Versicherungsgesellschaft selbst nach Einreichung der ersten Rechnung überprüfen können und auch müssen, inwieweit sie ein Recht zur Anfechtung des Versicherungsvertrages hat. Da sie dies nicht tat, war ihr Recht zur Anfechtung des Versicherungsvertrages verjährt. Denn die Versicherungsgesellschaft muss innerhalb eines Jahres ab Bekanntwerden des Anfechtungsgrundes den Versicherungsvertrag anfechten. Diese Frist war abgelaufen.

Merke: Achten Sie immer darauf, dass Ihre Angaben in einem Versicherungsvertrag vollständig und korrekt sind. Machen Sie keine falschen Angaben, sonst erwischt Sie nach Jahren vielleicht ein Bumerang.

3. Die Rechtsschutzversicherung für Verkehrssünder

Nun glauben Sie bloß nicht, dass Sie Straftaten begehen und sich immer auf Kosten einer Rechtsschutzversicherung von einem Anwalt verteidigen lassen können. Rechtsschutzversicherungen haben Klauseln in ihren Verträgen, nach denen eine Verteidigung in Strafsachen nur bei sogenannten Fahrlässigkeitsdelikten in Betracht kommt. Wenn Sie also eine Straftat absichtlich und vorsätzlich begehen, scheidet der Rechtsschutz aus. Ansonsten wäre es ja denkbar, dass Sie zum Beispiel einen Banküberfall verüben und sich dann von der eigenen Rechtsschutzversicherung den Anwalt für die Verteidigung in diesem Fall bezahlen lassen könnten.

Klassische Fahrlässigkeitsdelikte sind zum Beispiel die Straßenverkehrsgefährdung und die Trunkenheitsfahrt. Bei den Trunkenheitsfahrten ist allerdings die Promillezahl zu beachten, denn die Staatsanwaltschaften können ab 1,3 Promille davon ausgehen, dass die Trunkenheitsfahrt vorsätzlich, also nicht fahrlässig begangen wurde. Wer also so viel Alkohol verträgt, muss damit rechnen, dass ihm die Staatsanwaltschaft Absicht, das heißt, Vorsatz unterstellt.

In diesem Falle springt die Rechtsschutzversicherung nicht ein. Allerdings kann es auch sein, dass bei einer besonders hohen Blutalkoholkonzentration (diese kann schon bei 2,0 Promille vorliegen) der Vorsatz wieder entfällt. Es kommt, wie die Juristen eben so gerne sagen, immer auf den Einzelfall an, das heißt, welchen Eindruck der Täter hinterlassen hat und wie dieser Eindruck gewertet wird. Für die Verteidiger kann es deshalb oft ein wichtiges Ziel sein, die Verurteilung für eine »fahrlässige« Trunkenheitsfahrt zu erreichen, da so die Kosten der Verteidigung von der Rechtsschutzversicherung übernommen werden.

Merke: Lassen Sie es nicht darauf ankommen, lassen Sie den Wagen einfach stehen, wenn Sie Alkohol getrunken haben!

4. Navigationssystem und Versicherungsschutz

Hendrik P. hatte in einer deutschen Großstadt einen Pkw bei einem internationalen Autovermieter angemietet. Im Mietvertrag hatte er eine Vollkaskoversicherung mit einer Selbstbeteiligung von 950,- € abgeschlossen.

Hendrik P. hatte auf dieser Fahrt Pech. Er war ortsunkundig und musste jede Adresse, die er ansteuern wollte, in das Navigationssystem eingeben. Da er unter erhöhtem Zeitdruck stand, tat er dies während der Fahrt. Natürlich war er durch das Programmieren des Navigationssystems im Straßenverkehr nicht so aufmerksam, wie er es hätte sein müssen. Und so kam es zum Auffahrunfall. Natürlich ärgerte er sich über sein Verhalten, aber es half ja nichts.

Als die Polizei eintraf und ihn nach dem Unfallhergang fragte, erklärte er freimütig, dass er nicht aufmerksam gewesen war, da er sein Navigationsgerät programmiert hatte. Aus diesem Grunde war er auf den vorausfahrenden Pkw aufgefahren.

Zum Glück hatte es keinen Personenschaden gegeben und Hendrik P. hatte sich schon damit abgefunden, dass ihn diese Unaufmerksamkeit die Selbstbeteiligung der Versicherungsprämie in Höhe von 950,- € zzgl. des Bußgeldes kosten würde. Aber die böse Überraschung kam noch!

Nach sechs Wochen meldete sich die Mietwagenfirma und verlangte von ihm die Erstattung des gesamten Schadens. Hendrik P. berief sich auf die Haftungsfreistellung und die abgeschlossene Vollkaskoversicherung, aufgrund der er nur 950,- € zu zahlen hätte. Aber die Versicherung des Vermieters behauptete, dass sich Hendrik P. durch das Programmieren des Navigationsgerätes während der Fahrt grob fahrlässig im Straßenverkehr verhalten hätte, und wollte deswegen den kompletten Schaden ersetzt haben.

Die Versicherungsgesellschaft hatte recht. Das Programmieren eines Navigationssystems und eine damit einhergehende Unaufmerksamkeit, die zu einem Auffahrunfall führt, stellen keinen alltäglichen Fahrfehler dar. Die Rechtsprechung sieht darin tatsächlich ein grob fahrlässiges Verhalten. Und wer grob fahrlässig einen Schaden verursacht, kann sich nicht auf eine vereinbarte Haftungsfreistellung im Rahmen einer Vollkaskoversicherung berufen. Dies bedeutete für Hendrik P., dass er den gesamten Schaden am Pkw aus eigener Tasche bezahlen musste.

Merke: Das Navigationsgerät während der Fahrt zu bedienen, kann fatale Folgen haben – nicht nur finanzielle. Seien Sie sich bewusst, dass Sie damit wirklich grob fahrlässig handeln.

Weitere Information zu Ingo Lenßen

www.ingolenssen.de

www.facebook.com/ingolenssen

Ingo Lenßen beantwortet Rechtsfragen:

www.youtube.com/LenssenTV